KB170104

황금률을
버려라

황금률을 버려라

| 김병호 지음 |

한국경제신문 *i*

머리말

　기업을 운영하는 경영자는 어느 하루도 편안한 날이 없다. 매년 위기의 한 해였다고 회고하며 부족한 성과의 이유를 찾는다. 실제로 경영자의 관점에서는 모든 환경이 어렵게만 느껴질 수 있다. 더구나 경쟁의 공간적 경계가 무너진 상황에서는 무한한 위협의 두려움에 불안해지며 초조함이 더해진다. 그럴수록 도전적 환경의 극복을 구성원들에게 의존하며 그들의 헌신을 요구한다.

　그렇지 않아도 번아웃 증상 5단계 직전에서 허덕이는 직원들은 어렵게 이루어낸 성과에 대한 정당한 평가나 보상도 없이, 매년 똑같은 우울한 한 해의 시작을 데자뷔처럼 경험한다. 고달픈 시름의 쳇바퀴를 쉬지 않고 돌려야 한다. 현 상황의 어려움은 모두 자기들 탓인 것만 같다.

그렇다고 해서 아무런 근거도 없이 '괜찮다', '걱정할 것 없다'라고 희망회로를 돌릴 수도 없다. 아직도 보이지 않는 결승점을 향해 열심히 뛰고 있는 선수들에게 이제 쉬었다 가도 된다며 의자를 내주는 격이다. 정말 쉬어도 될지 의심이 들기도 하지만 현실을 외면하고 싶은 마음이 더 강해진다. 한순간 긴장이 풀린다. 한참을 쉬고 난 다음에야 지금까지 왔던 거리보다 더 긴 거리를 달려야 한다는 사실을 깨닫고는 망연자실한다. 허탈감에 온 다리의 힘이 풀려버린다. 재충전했던 에너지는 써보지도 못하고 방전되어버린다. 속은 느낌이다.

하지만 정말 희망이 없다면 너무나 끔찍한 일이다. 어찌어찌 결승점에 도착하자마자 더 힘든 경주가 쉴 틈도 없이 기다리고 있다면, 아예 지금 포기하고 싶다. 그래도 또다시 전력 질주하는 것은 '이번에는 다르겠지' 하는 기대와 희망이 있기 때문이다. 상황이 어려우니 몸이 부서지도록 희생해야 한다는 요구는 긍정의 자극이 될 수 없다. 오히려 동기부여가 아닌 의욕 박탈의 원인이 된다.

리더는 아무리 어려운 여건에서도 희망을 만들어내야 한다. 막연히 잘될 것이라는 희망이 아니라, 명확한 비전과 목표를 세우고 구성원들이 따라가야 할 방향을 제시해야 한다. 구체적인 방법과 방향성 없는 막연한 희망은 조직의 운명을 운에 맡기는 것과 다름이 없다. 리더는 한 치 앞이 보이지 않는 안개 속에서도 믿고 따를 수 있는 방향지시등 역할을 해야 한다. 그 등불이 구성원들에게 신뢰를 줄 때 비로소 희망은 피어오른다. 혹여 도착한 곳이 계획했던 목적지에서 조금 벗어났다 하더라도, 그동안 기울인 노력을 헛되이 생각하지 않는다. 최선을 다했다는 자부심과 앞으로 더 나아질 수 있다는 확신으로 다시 한번 기운을 낼 수 있다. 기대에 못 미치는 결과는 구성원들의 노력 부족 때문이 아니라, 등불을 잘못 든 리더 자신의 책임이라고 인정하는 훌륭한 리더가 있기 때문이다.

중국 송나라의 유명한 애국 시인인 육유(陸遊)가 지은 '유산서촌(遊山西村)'이라는 칠언 율시에 다음과 같은 구절이 있다.

山重水復疑無路 柳暗花明又一村(산중수복의무로 유암화명우일촌)

길이 있을 것 같지 않은 첩첩산중 깊은 산속을 헤치며 나아가다 보니, 버들 그늘 깊고 꽃 밝은 마을이 나타난다는 뜻이다.

길이 보이지 않는 험한 산속에서도 용기를 잃지 않고 꿋꿋이 나아간 결과는 버드나무 우거지고 색 고운 꽃들이 만발한 아름다운 마을과 좋은 사람들과의 만남이었다. 앞이 보이지 않는 어려운 환경에서도 신념을 잃지 않고 정진할 때, 길이 보인다. 이유 있는 희망 회로가 작동한다. 희망은 이룰 수 있다는 믿음이 생길 때, 새로운 힘의 원천이 된다. 실현할 수 있다는 희망의 근거를 제시해야 한다. 환경 변화의 흐름을 읽어내고, 그 변화에 대응할 수 있는 조직과 구성원들의 내재된 능력과 재능을 끌어내야 한다.

운항 일수를 최대한 단축하려는 선장의 욕심은 배를 전복시킬 수 있다. 막무가내로 폭풍우 한가운데에 뛰어들다가는 모두를 죽음으로 내몰게 된다. 늦더라도 크게 돌아가는 것이 나을 경우도 있다. 큰 파도를 정면으로 받아 배가 난파되는 위험을 막아야 한다. 배의 성능을 고려한 가장 안전한 항로를 미리 정해야 배가 파도를 대각선 방향으로 비스듬히 받으며 안전하게 나아갈 수 있다. 발생 가능한 위험을 예측하고 대응하기 위해서 각종 항해 데이터와 기상 정보의 꼼꼼한 분석은 필수다. 다가올 폭풍우를 슬기롭게 헤쳐나갈 구체적인 항해 계획을 확인할 때, 선원들은 안전한 항해라는 믿음과 희망으로 선장을 따른다.

리더는 배의 조종간을 잡은 선장이다. 리더는 희망의 미래를 조직의 비전에 담아 구성원들과 소통하며 같은 목표를 향해 함께 가는 동반자로 그들을 이끌고 가야 한다. 그러나 소통이라는 말만 되풀이할 뿐, 정작 무엇을 소통할 것인지, 소통의 목적이 무엇인지 명확한 이해도 없이 구성원들에게 소통하기를 강요하는 리더는 구성원들에게 불행만 안길 뿐이다. 구성원들이 가치관의 혼돈 속에 인지 부조화의 고통으로 괴로워하는 것은 당연한 결과다.

'내가 기대하는 대접을 남에게 그대로 하라'는 황금률은 상대방에 대한 깊은 이해없이 전적으로 '나'의 시점에서 출발하는 매우 이기적인 생각의 강요가 될 수 있다. 공감이 결여된 황금률은 배려의 절대 원칙이 될 수 없다. 과감히 황금률을 버리고 '나'의 시점을 '너', '우리'로 넓히며 공감의 길을 걸어야 한다.

조직의 비전과 목표를 바로 세우고, 인지 부조화 없는 소통의 방법으로 구성원들과 공유할 수 있어야만 조직의 활력과 지속 가능성을 확보할 수 있다. 더구나 지금은 디지털 트랜스포메이션을 요구하는 4차 산업혁명의 시대가 아닌가. 조금만 뒤처져도 역전의 기회가 없다. 조직의 민첩성(agility)과 회복탄력성(resilience)은 생존의 필수 요소가 되었다. 리더의 책임은 현재가 아닌, 미래에 대한 것이다. 예상하기 힘든 변화의 물결 속에 공감과 혁신으로 구태의 담장을 부술 수 있는 미래를 책임질 리더가 필요하다.

기업의 생존 키워드로 떠오른 ESG(Environment, Social, Governance)는 기업의 미래 가치를 결정하는 핵심 요소로 새로운 리더십을 요구한다. 사회적 가치를 향한 리더의 의지도 중요하지만, 무엇보다 그 의지대로 가치를 실현할 수 있는 지배구조가 마련되어야 한다. 특히 계속기업(going concern)으로서 장기적 목표와 비전이 변함없이 추구될 수 있는 최고경영자 석세션 플랜(Succession Plan)이 정립되어야 한다. 기업 모든 이해관계자의 균형된 발전과 지속 가능한 기업의 미래 가치를 성장시킬 수 있는 리더십이 발휘되어야 한다.

지난해 3월, 금융인으로 살아왔던 32년을 함께한 직장을 떠났다. 새로운 가치를 만들어보고 싶은 욕심과 의지가 아직도 충분하니 은퇴라는 생각을 해본 적은 없지만, 그래도 아쉬움과 허전함은 지울 수가 없다. 삶의 중요한 변곡점 대부분을 직장과 함께한 만큼 직장은 나의 또 다른 가정이며, 직장 동료들은 또 다른 가족이다. 직장을 떠나는 것은 오랜 기간 살아온 정든 집을 떠나는 것과 같은 상실감이요, 아쉬움이 아닐 수 없다.

만남은 반드시 헤어짐으로 이어진다는 당연한 이치를 잘 알면서도 모든 이별은 언제나 안타깝다. 아쉬움이 더한 것은, 어려운 고비를 함께 넘기며 쉼 없이 달려온 동료, 후배들에게 지금까지 희망을 주기보다는 희생을 강요해왔던 것이 아닌가 하는 생각 때문이다. 구명조끼도 없이 더 험한 파도 속으로 그들을 내몰았던 것은 아니었나 하는 후회 때문이기도 하다.

그런 의미에서 이 책은 부족했던 경영자 역할에 대한 나의 솔직한 반성문일지도 모르겠다. 재임 기간 동안 올바로 다하지 못해 아쉬웠던 리더로서의 책임과 그 책임을 충실히 실천할 리더의 자질을 필자의 경험을 바탕으로 정리하고 후배들에게 전하고 싶은 욕심은 펜을 든 동기가 되었다.

그동안 나의 오랜 경험이 금융산업에 집중되어 있다 보니, 이 책이 모든 산업에 보편타당하게 적용될 수 있는 이야기로는 한계가 있을 수 있다는 점 또한 고백한다. 좋은 리더가 되기를 꿈꾸고 있는 사랑하는 후배들과 미래 경영자들에게 이 책이 리더로서 고민할 생각거리를 던질 수만 있다면 충분히 기쁠 것 같다. 리더가 되기 위해 갖추어야 할 자질과 노력에 작은 지침서가 되기를 바란다.

지금까지 항상 필자 곁에서 든든한 조력자로 희생한 미안하고 고마운 아내와, 고령에도 강한 의지로 암을 이겨내신 어머니, 그리고 올해 2월 이별한 아버지께 이 책을 바친다.

―김병호

목차

목차

II.
조직의 담장을 부숴라

III.
리더가 산업의 지평선을 바꾼다

4. 나눌수록 커지는 힘, 다극화된 집중을 추구하라

I.

공감 리더십, 다른 사람 신을 신고 걸어라

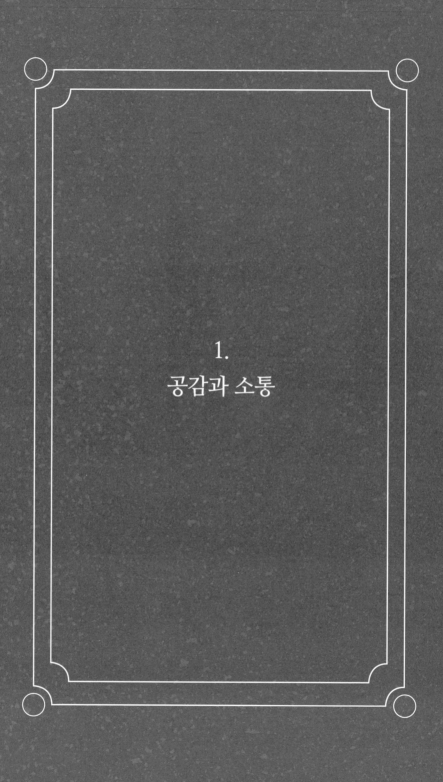

1.

공감과 소통

불안을 부르는
인지 부조화

얼마 전, 미술관 전시회 정보 수집을 위해 인터넷을 찾아보던 중 '미술관 속 심리학 시각 부조화'라는 흥미로운 글 하나를 발견했다. 관람객들은 미술 작품을 감상하면서 이해하지 못해 느끼는 불편하고 어색한 심리적 부자연스러움을 없애기 위해서 나름대로 작품에 의미를 부여하고 해석하고자 애쓰게 된다고 한다. 다양한 관점으로 작품을 이해하려고 노력하는 과정에서, 작가의 의도나 작품의 의미를 파악하지 못해 느꼈던 마음의 불편함을 해소한다는 것이다. 이런 불편하고 이질적이며 부자연스러운 심리적 긴장 상태를 '시각 부조화(visual dissonance)'[1]라고 설명한다.

---

1. 지역 인문 탐구생활 시민기자단의 인문 현장 취재기, 김민정

작가가 도대체 무엇을 왜 이렇게 표현했는지 알 수 없을 때의 답답함은 미술관을 다녀본 관람자들 거의 대부분이 한 번쯤은 경험해봤을 것이다. 해외에 나갈 기회가 있을 때마다 짬을 내어 미술관을 둘러보거나 주말 여유 시간을 이용해 갤러리 나들이도 자주 하는 편이지만, 미술에 대한 조예나 전문성이 깊지 않다 보니 남들이 훌륭하다고 평가하는 유명 작가나 작품을 대할 때 오히려 불편한 마음이 드는 경우가 있는 것이 사실이다. 같은 작품을 감상하고도 다른 사람들은 쉽게 이해하고 느끼는 감정을 혹여 공유하지 못할까 싶은 걱정이 앞선다. 작가의 의도를 이해하지 못하고 어떻게 작품을 감상해야 하는지 모를 때 겪게 되는 스트레스는 참기 어렵다. 인터넷을 뒤져서라도 다른 사람이 해놓은 작품 해석을 찾아보고 마치 작품을 처음 마주했을 때부터 나도 그런 해석을 한 마냥, 아는 척, 느낀 척을 하려고 애를 쓴다. 더구나 별다른 감정이 들지 않거나 마음에 와 닿지 않는 작품을 볼 때면 왠지 내가 무슨 잘못을 저지른 듯한 죄책감이 들고 불안해진다.

서울 예술의전당 미술관에서 러시아 출신 미국 화가인 마크 로스코(Mark Rothko)의 작품 전시회가 열린 적이 있다. 그의 작품은 매우 높은 평가를 받는다. '오렌지, 레드, 옐로'라는 작품은 2012년 뉴욕 크리스티 경매 당시, 2차 세계 대전 이후 창작된 현대 미술 작품 가운데 사상 최고가인 8,690만 달러의 가격으로 낙찰되었을 정도다. 스티브 잡스가 제일 사랑했다는 화가이기도 한 그의 작품은 꼭

한 번 봐야 할 것 같은 의무감으로 미술관을 찾았다.

'색면 추상'의 장르를 열었다고 하는 로스코의 작품은 가장 이상적인 거리라고 하는 45cm 앞에서 보면 색채들의 관계와 경계가 무너지고 관객은 하나로 뭉개진 색 덩어리 속으로 빨려 들어간다고 한다. 회화 표면의 팽창과 수축 사이에서 모든 것을 발견할 수 있다고도 했다. 하지만 나에게는 그저 난해할 뿐이다. 그가 자살하기 전 그린 마지막 작품 '레드' 앞에 서서 한참을 바라보았지만, 어느 비평가의 말처럼 비극, 희열, 운명의 인간 기본 감정을 느낄 수가 없었다. 어떻게 해야 작품 속으로 빨려들어 갈 수 있는지 잘 모르겠다. 마치 수학 문제의 마지막 부분을 해결하지 못해 동동거리는 것 같은 답답함을 주체할 수가 없다. 결국, 다른 사람들이 해놓은 답을 찾아 마치 나도 그와 같은 생각을 한 것처럼 스스로 강요하고 나서야 조금 마음이 놓였다.

프리다 칼로가 말년에 그린 잘린 수박 그림을 보고 그녀가 평생 겪어온 육체적·정신적 고통을 느끼지 못하는 부조화, 살바도르 달리의 작품 '기억의 지속' 속의 흐물거리는 시계가 무엇을 의미하는지 알 수 없는 시각의 부조화, 이우환 화백의 선과 점에서 무한한 시공간의 관계를 알아보지 못하는 부조화는 그냥 지나쳐버리기에는 너무 불편하다. 그런 불편함은 어떻게든 해소하고 싶다. 작품당 수억, 수십억 원을 호가하는 것들인데 내가 그 가치와 의미를 알아보지 못한다면, 왠지 부끄럽고 무슨 잘못이라도 저지른 듯한 불안감이 엄습한다. 억지스럽더라도 나름대로 해석을 만들어 붙이거나, 그것도 안 되면 다른 사람의 해석이라도 구해서 마치 내 해석인 양 스스로 이해했다고 자기 최면을 걸어야 비로소 안도감을 찾게 된다.

시각 부조화로 인한 불안함을 해소하려는 행동은 인지 부조화(cognitive dissonance)에 대응하는 행동과 다르지 않다. 인지 부조화란, 1950년대 미국의 심리학자 리언 페스팅거(Leon Festinger)가 《인지적 부조화 이론》[2]이라는 책에서 처음 사용한 용어로, 자신의 생각이나 가치관이 행동과 서로 모순되어 발생하는 불균형 상태를 의미한다. 사람들은 이런 인지 부조화의 불안감을 해소하기 위해서 자신의 인지를 변화시켜서라도 조화 상태를 유지하려 한다는 것이다. 이를 쉽게 설명하기 위해 자주 인용하는 것이 〈여우와 포도〉라는 이솝 우화이다. 여우가 먹음직스러운 포도를 발견하고 그 포도를 따 먹기 위해 갖은 노력을 하지만, 결국 먹지 못한다. 그러자 여우는 그 포도는 어차피 신 포도라 먹을 수 없는 포도라고 합리화한다. 먹고 싶은 욕구와 먹지 못하는 현실 간의 괴리로 인해 발생하는 괴로움을 해소하기 위해 마음과 행동을 일치시키는 핑계를 찾는 것이다. 신 포도라 어차피 먹고 싶지 않았다고 생각을 바꾼 것이다.

---

2. Cognitive dissonance theory

리언 페스팅거 박사는 여러 가지 실험을 통해 인지 부조화의 원인과 강도에 관한 연구를 수행했다. 한 실험에서 페스팅거 박사는 피험자를 두 그룹으로 나누어 한 그룹 참가자들에게는 20달러씩을 주고 다른 그룹 참가자들에게는 1달러씩만 지급한 다음, 각각 1시간 동안 매우 지루하고 단순 반복적인 일을 시켰다. 일이 끝나고 나면, 두 그룹 피험자들은 밖에서 대기하고 있던 다른 참가자들에게 실험에서 수행한 일이 매우 흥미롭고 보람되었다는 거짓 설명을 하도록 했다.

실험 종료후, 피험자들을 대상으로 실시한 설문 조사의 결과는 자못 흥미롭다. 그들이 실험에서 수행한 일이 실제로 어떠했는지를 묻자, 20달러를 받은 참가자들은 일이 너무나 따분하고 재미가 없었다고 답을 한 반면, 1달러를 받은 그룹 참가자들은 놀랍게도 그 일이 매우 재미있고 보람된 일이었다고 대답한 것이다. 페스팅거 박사는 이 실험의 결과를 통해 인지 부조화의 원인이 무엇인지, 사람들이 그 부조화를 어떻게 해소하려 하는지를 알아냈다.

20달러를 받고 다른 사람들에게 거짓말을 한 참가자들은 거짓 정보 제공의 대가로 충분한 돈을 받았다고 생각해 인지 부조화의 상황을 겪지 않고 설문에 사실대로 답할 수 있었다. 그러나 1달러만을 받은 참가자들은 고작 그 돈 때문에 거짓말했다는 자신을 인정할 수 없어 자기합리화를 통해 인지 부조화 상황을 피하고자 했다는 해석이다.

실험에서 수행한 일이 정말 신나고 보람찬 일이었다고 스스로 확신함으로써, 거짓말을 해서는 안 된다는 가치관에 어긋나는 행동으로 겪게 될 인지부조화의 심리적 불안감을 해소하려 했던 것이다. 돈 1달러 때문에 신념에 반하는 거짓말 따위 하지 않는다는 인지 조화의 상태를 만든 것이다. 명백한 자기합리화 과정이다.

이렇듯, 신념과 행동이 조화를 이루지 못하고 일관되지 못한 모순적 상황이 인지 부조화의 불안한 상태를 만들어내며, 인간은 이런 상태를 매우 불편해하고 어떻게든 피하려 한다. 믿음과 실제의 다름이 주는 불편함을 없애기 위해 사람들은 이 불일치를 제거하려고 노력한다. 이솝 우화의 여우는 이 모순을 없애기 위해 포도를 먹고자 했던 자기 신념을 바꾸는 방법을 택했던 것이고, 페스팅거 박사의 실험 참가자들은 현실을 신념에 맞게 바꾸어 믿는 방법을 선택했다.

교육에 의하든 경험에 의하든 사람은 나름대로 신념과 가치, 행동 기준인 도덕적 관념이 생긴다. 그러나 현실은 참으로 다르다. 따라야 한다고 생각하는 기준이나 양식은, 현실을 살아가며 요구받는 행동과 다른 경우가 너무도 많다. 따라야 마땅하다고 생각하는 가치관이나 신념이 실제 행해지는 행동과 다른 경우, 사람들은 불편하고 불안한 상태가 된다. 신념과 행동의 불일치가 만들어내는 이런 스트레스는 견디기 매우 고통스럽다. 자발적 행동이라 하더라도 자신의 가치관과 다른 경우 느끼는 심리적 불편함은 적지 않을 것인데, 더구나 그 행동이 강요된 것이라면 더 말할 나위가 없다.

조직 생활에서도 이런 인지 부조화의 상황을 마주하는 것은 매우 흔한 일이다. 조직이 가고자 하는 방향이나 업무의 지시가 구성원들의 가치관과 달라 혼란스러운 경우가 많다. 특히 업무 지시를 따라야만 하는 위치에 있는 구성원들은 자신의 신념을 내세워 대항할 수 있는 별다른 방법이 없다. 자신의 신념을 지키면서, 요구된 행동과의 불균형을 바로 잡는 일은 대단히 어렵다. 참기 어려운 불편함이 생기는 것은 당연하다.

조직에서 일방적으로 부여하는 경영 목표나 KPI(Key Performance Indicator, 핵심 성과지표)가 자신이 바라보는 시장 상황이나 기업 가치, 고객관계 가치관과 다를 때 갖게 되는 당황스러움은 가장 큰 스트레스가 된다. 조직에서 살아남기 위해 자신의 신념을 버려야 하는지, 그 신념을 지키기 위해 조직에 맞서거나 떠날 것인지, 해답을 찾기 어렵다. 행동과 신념의 부조화에 따른 심리적 부담은 업무량의 많고 적음에 관계없이 무겁다. 아무리 보수가 많고 복리후생이 훌륭하다고 해도 인지 부조화 속의 직장 생활은 오래가기 어렵다.

인지 부조화 고통 속의 업무는 효율성을 기대할 수 없을뿐더러 지속 가능하지 않다. 인지 부조화의 불편함을 벗어나기 위해 애쓰는 만큼 집중력도 떨어진다. 리더에 따라 가치관이나 경영 철학이 달라지고 구성원들이 그 가치관을 공감하지 못하는 경우, 리더를 따르는 일은 매우 어렵다. 리더의 지시는 강요가 될 뿐이다. 구성원들이 믿고 따라 행동했던 신념이 리더의 것과 다름으로써 인지 부조화가 발생하게 되고 불안감이 싹튼다. '이러면 안 되는데…', '이렇게는 하기 싫은데…'라는 생각은 인지 부조화로 생기는 불안감의 징조다. 불안감을 조성하는 리더가 구성원들의 적극적이고 자발적인 참여를 기대한다면 큰 착각이 아닐 수 없다.

좋을 대로 적응하기,
가장 쉬운 방법이 가장 나쁘다

늦게까지 일하고 귀가하기 전, 직장 동료들끼리 술 한잔 기울이며 스트레스를 해소한다. 과중한 업무 부담으로 스트레스를 받기도 하지만, 가장 큰 스트레스의 원인은 아마도 인지 부조화로 인한 불편함일 것이다. 맡은 일을 수행하면서도 이 일을 왜 해야 하는지 이해하지 못할 때 느끼는 심적 갈등은 고통에 가깝다. 더구나 해서는 안 되는 일을 하고 있다는 생각으로 나아가게 되면 그만두고 싶다는 회의에 빠지기까지 한다. 술잔을 기울이며 안줏거리로 등장하는 상사나 선배들에 대한 뒷말은 신념과 다른 행동을 요구받는 고통의 작은 탈출구일 수 있다. 온종일 시달리고 갈등했을 인지 부조화의 불안함을 그렇게라도 풀어내야 그나마 견디며 내일 다시 출근할 기력을 보충할 수 있다. 그러나 이런 푸념만으로는 인지 부조화의 스트레스를 없앨 수 없다. 일시적인 화풀이에 불과하다. 마음속엔 여전히 자신의 행동이 가치관과 부딪힌다. 동료들끼리의 성토가 인지 부조화의 갈등을 해결하는 궁극적 방법이 될 수는 없다.

근본적 해결 방법은 두 가지다. 하나는 행동을 바꾸는 것이다. 요구되는 방향과 달리 자기 신념에 따라 행동하는 것이다. 그러나 이 방법은 너무나 힘들고 버겁다. 지시나 명령을 따르지 않아야 하기에 많은 용기와 어려움이 따른다. 인지 부조화의 불편함은 해소될 수 있을지 모르겠지만, 사회나 조직 내 부적응자가 되어 외톨이가 되기 딱 알맞다. 때로는 책임과 벌이 따르기도 하고, 또 다른 스트레스에 시달리게 될 수도 있다. 어쩌면 인지 부조화의 스트레스보다 훨씬 심한 고통이 될 수도 있다. 자기 신념에 따른 행동은커녕, 직장을 그만두어야 할 처지에 놓이기 쉽다. 그래서 선택하기 어려운 방법이다. 자신의 신념을 이야기하고 주장할 기회조차 주어지지 않는 상황에서 가치관의 차이를 이유로 감히 지시와 달리 행동할 수는 없다.

또 다른 방법은 요구받는 행동에 어울릴 수 있도록 자신의 믿음과 신념을 바꾸는 것이다. 내가 지금까지 믿고 따르려 했던 신념과 기준은 잘못된 것이었다고 생각을 바꾸면 된다. 심리적 흔들림이 잠시 있을 수는 있지만, 매우 쉽고 편리한 방법이 아닐 수 없다. 외톨이나 왕따가 될 일도 없다. 과거의 신념은 자기 세뇌의 과정을 통해 변형되어 현재의 행동과 일치되는 새로운 신념으로 자리 잡게 된다.

이솝 우화 〈여우와 포도〉의 여우나, 페스팅거 박사의 실험 참가자들도 이 두 번째 방법을 선택했다. 인지 부조화의 스트레스를 부르는 의사결정 과정이 복잡하고 어려울수록, 그 결정이 바뀔 가능성이 작으면 작을수록, 인지 부조화의 불편함을 해소하기 위해 결정을 바꾸거나 행동을 바꾸려 하지 않는다. 오히려 그 결정이 옳았고, 그 결정을 따라 행동하는 것이 당연하다는 심리적 안정감을 얻기 위해 다른 신념과 가치는 버린다. 상사나 선배가 시키는 일은 당연히 정당한 이유가 있는 것이고, 그 일에 맞는 가치관을 세워 내 신념인 양 합리화하기만 하면 인지 부조화의 고통을 느낄 일이 없다. '좋을 대로 적응하기'[3] 방법이다.

일을 지시하는 의사결정권자라고 인지 부조화가 없는 것은 아니다. 지시를 따르는 구성원들의 그것보다 더 심한 부조화의 갈등을 겪을 수도 있다. 애당초 잘못된 가치관이나 떨어진 판단 능력으로 자신의 결정에 아무런 문제를 인지하지 못하면 갈등의 소지가 없을지도 모르겠다. 그러나 그동안 지켜야 한다고 믿어온 가치관이나 도덕성을 어떤 연유로 저버려야 하는 경우, 의사결정자가 느끼는 고통은 훨씬 클 수 있다. 그런 결정을 내릴 수밖에 없었던 목적의 바르고 그름을 떠나 그 목적 달성을 위한 결정이 인지 부조화를

---

3. 원문 'Adaptive preference formation', 존 엘스터(John Elster)

일으킨다면 매우 힘든 일임이 분명하다. 따라서 그들도 의사결정의 목적성과 가치관의 불일치를 어떻게든 없애려 하는 것은 자연스러운 일이다.

우선 정보를 선별적으로 취한다. 끼리끼리의 모임이 활성화되는 것도 선별적 정보 취합이 쉽기 때문이다. 같이 이루고자 하는 목적의 정당성을 확보하는 데 필요한 정보만을 선택해 합목적적인 가치관을 새롭게 만들어내고 동기화시킨다. 처음부터 가치관은 변함없었고 추구한 목적도 가치관에 철저히 부합되었다고 자기합리화에 성공하는 순간, 죄책감은 없어지고 마음이 편안해진다.

흡연자들도 담배가 몸에 해롭다는 사실을 잘 알고는 있다. 하지만 담배 끊기가 너무 힘들어 금연 약속은 매번 물거품이 된다. 담배를 끊지 못하는 자신이 실망스럽다. 차라리 금연을 포기하고 담배를 피워야 하는 이유를 찾아 생각을 바꾼다. 담배의 해로운 성분에도 불구하고, 흡연을 통해 해소되는 스트레스가 정신적으로 건강에 더 이롭다는 참신한 신념으로 자기합리화를 한다. 덩샤오핑이나 카스트로는 평생 줄담배를 피우면서도 90살 이상 살았으니 흡연과 건강은 무관할 수 있다는 주장이나 정보를 선택적으로 찾아 흡연이 나쁘지 않다는 새로운 신념을 정당화한다. 흡연은 나쁘다는 생각과 담배를 끊지 못하는 자신의 행동 사이에서 발생하는 갈등은 이제는 없다.

대부분 사람들은 이런 방법으로 인지 부조화의 고통을 해소한다. 그러나 행동을 바꾸지 않고 생각과 신념을 바꾸는 '좋을 대로 적응하기'의 쉽고 편한 방법은 다른 중요한 문제를 일으킨다. 잘못된 행동을 강제하는 요구가 문제가 있다는 생각은 하지 못하게 된다. 아니, 할 필요가 없다. 이미 자신의 신념과 가치관은 지시에 따른 행동과 제대로 정렬되어 바뀌어버렸기 때문이다. 신념대로 행동했다고 믿기에 전혀 거리낌이 없다.

그런 행동을 요구받는 사람들도 이제는 그 지시가 잘못되었다고 이야기하지 않는다. 더 이상의 인지 부조화가 없기 때문이다. 처음부터 늘 생각해왔던 대로인 듯 자연스럽게 충실히 업무를 수행한다. 내적 갈등을 일으키는 요소는 일찌감치 없애버렸다. 편안한 마음으로 충실히 업무에 임한다. 비판할 자신감이 없는 것이 아니라, 비판할 이유가 없어졌기 때문이다.

인지 부조화를 초래하는 부당한 행동 요구는 구성원들의 심각한 불안감을 야기하고, 그 불안감을 견딜 수 없는 구성원들은 인지 부조화를 제거하는 과정을 수행한다. 불행하게도 그 과정이 행동을 교정하는 절차가 아니라 신념을 바꾸는 자기합리화의 과정이라는 것이다. 이런 현상은 장기적 목표나 방향성을 희생해서라도 단기적 성과를 보이려 할 때 발생한다.

인지 부조화의 불편함을 해결하기 위해 쉬운 방법을 찾다 보면 조직은 길을 잃는다. 당장은 원하는 목적을 달성하고 만족할지 모르지만, 자기도 모르는 사이에 엉뚱한 길로 들어서고 있음을 인지하지 못한다. 리더는 자기를 따르는 구성원들의 자발적 참여가 그들의 신념에 근거한 동의를 바탕으로 이루어진 것으로 착각한다. 자신의 가치관 또한 자신의 행위 목적에 맞추어 수정되어 있음을 모른 척한다. 어쩌면 모르는 척하는 것이 아니라, 완벽한 자기합리화로 생각과 신념이 바뀌었다는 사실을 인정하지 않는 것인지도 모른다. 악순환의 고리 그 자체다. 결국 조직의 본질적 존재 가치는 온데간데없고 하루살이 조직으로 전락하게 된다.

아무리 힘들어도 자기 믿음에 반하는 행동에 대한 과감한 대응이 있어야 조직은 산다. 요즈음 자기 가치관이 뚜렷한 젊은 세대를 중심으로 과거에는 기대하지 못했던 용기 있는 자기주장이나 저항이 조금씩 보이기는 한다. 인지 부조화의 불균형을 행동 변화로 없애려는 노력이다. 그러나 이런 변화에도 한계가 있다. 조직 내 뿌리 깊은 위계질서와 굳어진 시스템을 벗어나기 어렵다. 따라서 아래로부터의 변화는 기대하기 힘들고 더구나 강요할 수도 없다.

무엇보다도 조직을 이끌어가는 리더의 역할이 중요하다. 애초에 공통의 가치관을 벗어나 구성원들의 인지 부조화를 초래하는 일방적 지시가 없어야 한다. 리더 스스로 조직의 신념과 가치를 지키는 의사결정이 이루어지도록 노력해야 한다. 노력이 필요한 만큼 어려운 일임에 틀림이 없다. 눈앞의 이해관계가 이런 노력을 방해한다. 눈 한 번 질끈 감고 생각을 바꾸면 잠시 괴로웠던 인지 부조화의 불편함이 해소되고 어떤 의사결정과 업무 지시도 당당해진다.

그러나 '좋을 대로 적응하기'는 쉬운 만큼 조직의 미래를 불안하게 만든다. 가장 쉬운 방법이 가장 나쁜 이유다. 리더가 쉬운 방법을 택하지 않는 것은 조직과 구성원 모두를 위한 최소한의 의무다. 리더는 이 최소한의 의무를 지키고 구성원들의 생각과 행동이 대립해 부조화가 일어나지 않도록 무엇을 해야 하는지 끊임없이 고민해야 한다. 구성원들이 조직의 미래를 확신하고 장기적 비전 달성을 위해 응집할 수 있는 동기를 갖게 하는 출발점이다.

프로크루스테스의 침대로
희망을 재단하지 마라

인지 부조화를 일으키는 조직의 분위기는 구성원들의 스트레스 지수를 높이고 업무 효율성을 떨어뜨리는 것은 물론, 조직 자체의 지속 가능성마저 위협할 수 있다. 인지 부조화를 해소하기 위한 쉬운 방법을 찾다 보면 다양한 의견의 수렴 과정은 있을 수 없고, 조직의 발전은 기대하기 어렵다.

다양성을 거부하고 변화를 허용하지 않는 조직의 사례를 찾는 일은 어렵지 않다. 기존 체제에 도전하는 다른 의견을 과감히 개진하기 위해서는 잘못될 경우, 조직을 떠나야 할 수도 있다는 전제를 받아들여야 한다. 조직의 경직된 사고에 유연성을 부여하는 노력은 따 먹지 못하는 포도가 신 포도가 아니라 사실은 시원하고 달콤한 포도였다는 사실을 인정하는 것만큼 괴롭고 어려운 일일 것이다.

얼마 전, 우리나라 미디어 방송 사업의 대표적 기업 중 하나가 드라마 제작 업체 지분 53%를 159억 원에 인수했다는 공시가 있었다. 그 드라마 제작사는 두 명의 공동대표를 포함해 전 직원이 6~7명에 불과하지만, 2018년 기준 매출 400억 원대의 알짜 기업으로 성장했다. 설립한 지 몇 년 만에 이룬 놀라운 성과다. 다른 추가적인 보상 조건이 공개되지 않아 정확한 평가 내용은 알 수 없으나, 알려진 기업 인수 대가로만 추정해볼 때 기업 가치 300억 원을 훌쩍 넘는 평가를 받은 것이다.

이런 괄목할 만한 성장을 이루어낸 회사 공동대표 중 한 명이 2000년대 초 국제금융 전문 인력으로 채용되어 나와 같은 직장에서 함께 근무한 은행원이었다. IMF 금융위기를 간신히 넘긴 당시, 국내은행들은 국제 금융시장에서 역할 강화와 경쟁력 제고를 위해 외국어에 능통한 해외 전문 인력 확보에 많은 관심을 기울이기 시작했다. 내가 근무하고 있던 은행 역시 해외 인력 채용을 적극적으로 늘려 국제금융 전문 인력 확보에 큰 노력을 기울였다. 외환위기를 초래한 주요 원인 중 하나인 외화 자금 조달 구조를 개선하고 국제 네트워크 강화를 통해 해외 포트폴리오를 재구성하는 등, 국제화의 속도를 높이고 국제 금융시장의 당당한 참여자로 위상을 정립하고자 하는 원대한 포부가 반영된 새로운 변화였다.

그러나 안타깝게도 그를 포함해 당시 해외 전문 인력으로 채용

된 직원 중 지금까지 남아 있는 사람은 많지 않다. 오늘날 국제 금융시장에서 한국 금융회사들의 위상이 높아진 것은 사실이나, 잠재력이 큰 젊은 해외 인력들이 많이 남아 있지 않다는 것은 당초 회사가 희망했던 방향이나 속도로 발전을 이루어내지 못했다는 의미가 된다.

그들은 왜 떠나야만 했을까? 그 이유를 알고 보면 아쉬운 부분이 많다. 당시 시중은행에는 책임자 승진을 위한 시험이 있었다. 책임자 고시라고 할 정도로 상당한 기간 준비해야만 하는 어려운 시험이었기에 시험 대상자들에게 업무 부담을 줄여주기 위한 배려가 필요했을 정도다.

그런 시험을 한국어보다 외국어가 더 편한 해외 전문 인력들에게도 예외 없이 적용한다면, 살아남을 사람이 과연 몇이나 될까? 예외를 만드는 순간 획일적 시스템이 붕괴하는 충격을 감당하기 힘들었던 것이었는지, 아니면 그 예외를 수용할 수 있는 시스템 변화 자체가 귀찮았던 것인지 알 수가 없다. 형평성이라는 아주 좋은 핑계가 한몫했다. 또 전문 인력으로 채용했지만, 스페셜리스트보다는 제너럴리스트를 양성하는 데 더 익숙한 은행 특성상 여기저기 순환 배치를 강제하다 보니 입행 전 꿈꾸었던 미래 국제금융전문가의 모습이 희미해지면서 혼란스러운 가치관의 충돌을 경험했을 것이다.

한마디로 다양성이 수용될 수 있는 환경이 아니었다. 이런 상황을 극복하지 못한 대부분의 잠재적 국제 금융인력들이 떠나는 것은 당연한 일이다. 미래의 비전이 보이지 않기 때문이다. 그나마 자신 있고 능력 있고 인재들만이 어렵지만, 발전적인 갈등의 해결 방법을 선택하는 용기를 낼 수 있다. 과감히 자신의 의견을 개진하고 이해되지 않는 조직 가치관의 변화를 기대하지 못할 때는 조직을 떠나는 용기를 발휘한다. 그러나 이러한 상황이 두려운 대부분 구성원은 자기 생각을 포기하고 조직에 순응하는 쉬운 방법을 택하게 되는 것은 안타까운 일이다.

해외 자본 유치를 위해 나와 같은 팀에서 일했던 그 대표도 무너질 리 없는 확고부동한 조직의 틀 안에서 미래의 꿈과 희망이 보이지 않는다며 갈등했고, 결국 조직을 떠날 수밖에 없었다. 쓰임을 제한해놓고 왜 힘들게 해외 인력들을 뽑았는지 이해하지 못했다. 결국 떠나는 것이 최선의 선택이 되는 순간, 그를 붙잡을 방법은 없었다. 그의 재능과 열정은 금융산업이 아닌 엔터테인먼트 산업에서 꽃을 피웠다. 맨땅에서 수백억 원의 가치를 만들어낸 것이다. 앞으로 창출해낼 가치는 지금의 몇 배가 될 것이다. 자기 생각을 마음껏 펼치며 도전할 수 있었기 때문이다. 그저 따라야만 하는 고정 관념이나, 도전을 방해할 아무런 제약도 없다. 감히 자리를 걸고 대항해야 할 부당한 강요도 없다.

그 밖에도 당시 은행을 떠나 자신의 소신에 따라 용기 있는 도전으로 새로운 가치를 만들어낸 사례는 많다. 게임 산업에 뛰어들어 한국·중국·대만을 무대로 활발한 활동을 펼치고 있는 사람도 있다. 그는 대만 기업과 합작 법인을 설립해 중국 상해를 거점으로 활약하며 지속 가능한 부가 가치를 만들어내고 있다. 참으로 아쉽다. 그들이 떠난 이유는 좋은 조건의 외부 제안이 있었기 때문이 아니다. 그들이 꿈꾸고 희망했던 도전이 조직 안에서는 불가함을 깨달았기 때문이다. 그들의 잠재력을 알아보고 선택했던 조직 안에서 창의력과 도전 정신이 마음껏 펼쳐질 수 있었다면 얼마나 좋았을까? 수백억 원이 아니라 수천억 원, 수조 원의 가치를 만들어냈음에 틀림이 없다.

그동안 많은 기업들이 구성원들의 전문성과 창의력이 발휘될 수 있는 환경을 만들기 위해 꾸준히 노력해 왔음에도 불구하고, 곳곳에서 조직의 경직된 제도나 분위기가 그들의 꿈과 희망을 재단하는 경우를 목격하게 된다. 마치 프로크루스테스의 침대(Procrustean bed)를 보는 듯하다. 프로크루스테스는 포세이돈의 아들로, '잡아 늘이는 자'라는 뜻의 이름을 가졌다. 그는 아테네 인근 케피소스 강가에 여인숙을 차려놓고 손님이 들어오면 침대에 눕혀 침대 크기에 맞춰 키가 큰 사람은 머리나 다리를 잘라내고, 키가 작은 사람은 다리를 잡아 늘여 죽여버렸다. 프로크루스테스 자신도 테세우스[4]에 의해 자기 침대에 뉘어 튀어나온 머리가 잘려 죽었다.

구성원들의 다양한 의견과 주장이 반영되지 않는 조직은 프로크루스테스의 침대처럼 그들의 꿈과 희망을 침대 크기에 맞게 잘라 버린다. 인지 부조화의 갈등을 쉬운 방법으로 해결할 수밖에 없는 구성원들은 자신의 꿈과 희망이 잘려나가 사라지는 고통을 견디기보다, 침대 크기만큼의 비전을 만들어낸다. 처음부터 그만큼이었던 것처럼 자신의 미래를 재단한다. 이제는 꿈이, 희망이 잘려나가는 절단의 아픔을 느끼지 못하고 편안해진다. 반면, 조직은 자신의 침대에 붙들려 사지가 잘려 죽임을 맞이하는 프로크루스테스의 운명을 피할 수 없다. 조직의 미래는 구성원들의 잘려나간 미래와 다름이 없다. 다양한 의견과 변화의 요구가 무시되고 거부되는 고지식한 조직의 틀은 구성원들의 사고를 절단하는 끔찍한 기요틴이 된다.

　기업은 침대 크기에 맞춰 다리를 자르거나 늘려버리는 프로크루스테스가 되어서는 안 된다. 침대를 구성원들의 서로 다른 키에 맞추어 조절해주는 배려와 존중이 가치를 만든다. 다양성과 전문성은 조직 발전의 기본적 전제다. 세계화·디지털화의 물결 속에 세상은 변화의 속도를 가늠할 수 없다. 수십 년 전 과거의 관행을 금과옥조 원칙으로 지켜나가려 한다면 변화에 적응하지 못하고 도태될

---

4. 아테네 왕 아이게우스의 아들로, 그리스 신화에서 헤라클레스에 비견되는 아테네의 영웅이다. 아버지를 찾아 아테네로 떠나면서 경험한 많은 모험에서 마지막으로 물리친 악당이 프로크루스테스다.

뿐이다. 경영자의 일방적 생각이 모든 구성원의 생각이 되어야 한다는 인지 부조화의 불균형은 조직의 운명을 어둡게 한다. 구성원들의 다양한 의견을 수렴하고 전문성을 키우며 생각의 다름이 조직 발전의 원천이 된다는 사고 전환의 노력이 프로크루스테스 침대의 함정을 벗어나는 길이다.

지금도 은행을 포함한 많은 회사가 공채를 한다. 수십 명, 수백 명을 한 가지 잣대로 평가해서 점수를 매기고 줄을 세워 선발한다. 선발된 신입직원들은 사령장 수여식장에서 비로소 발령 사항을 확인하며 희비가 엇갈린다. 순환보직이 원칙이다.

몇 년 전, 신입직원과의 대화에서 '우리 회사에서 펼칠 꿈이 없다면 과감히 나가라. 나가서 성공해라'라고 이야기했다가 인사부 직원들로부터 볼멘소리를 들은 적이 있다. 기껏 한 달 동안 교육해서 애사심을 키워놓았더니 행장이 한순간에 교육 효과를 망쳤다고 했다. 그러나 애사심이 강요로 만들어지는 것은 아니지 않은가? 자신의 꿈을 실현할 수 있는 직장이라면 나가라고 해도 안 나갈 것이고 로열티는 더불어 생겨날 것이다.

요즘도 젊은 후배들을 만나면 현실에 안주하지 말고 여러 가지 대안을 생각하고 고민하라 충고한다. 맡은 일을 소홀히 하라는 뜻이 아니다. 주어진 책임을 다하되, 항상 더 큰 꿈을 꾸라는 얘기다.

조직은 구성원들이 다양한 꿈을 꿀 수 있게 하고, 그 꿈을 실현하는 과정을 전폭적으로 지원해야 한다. 그러기 위해서는 다양성을 인정하고 수용할 수 있는 환경을 만들어줘야 한다. 밖에 나가서 만들어 낼 수 있는 가치를 조직 내에서 만들어낼 수 있도록 해야 한다. 프로크루스테스의 침대로 꿈을 재단할 수는 없지 않는가?

*

황금률을 버려라

자기 좋을 대로 생각을 강요하고 구성원들의 사고를 재단하는 조직의 분위기는 그 상황을 받아들이지 못하는 경우 숨이 막힌다. 가는 숨이라도 옳게 쉬려면 강요된 생각에 맞추어 신념을 바꿔야 한다. 알 수 없는 죄책감과 실망감으로 불안한 생활을 이어갈 수는 없기에, 무엇인지도 모르는 잘못을 스스로 인정하며 평안한 마음을 갈구한다. 그제야 숨이 편안해진다. 신념과 가치관의 충돌은 감당하기 어려운 정신적 불균형을 초래한다. 합리적 판단으로는 이 충돌을 해결하기 어렵다는 사실을 깨닫는 순간, 하루라도 빨리 벗어나야겠다는 생각이 엄습한다. 그러나 조직을 떠날 수는 없다. 손안에 쥐고 있는 다른 대안이 없기 때문이다. 자연스럽게 스스로 지켜왔던 가치관을 바꿔버리는 가장 쉬운 방법을 택할 수밖에 없다.

구성원들이 자포자기로 자신의 의견과 신념을 버리거나, 꺾이기를 거부하는 일부가 조직을 떠나거나, 어느 것도 좋은 것은 없다. 현재의 편안함을 구가하기 위해 조직의 미래를 희생할 뿐이다. 말 잘 듣는 부하직원을 거느린 경영진들의 안위는 더 큰 미래의 불편함을 후배들에게 물려줄 뿐이다. 이미 신념과 가치관을 버린 후배들은 미래의 경영자가 되어 선배들에게 배운 대로 똑같이 인지 부조화 해결의 가장 쉬운 방법을 좇아 그들의 후배들에게 획일적 사고의 틀을 씌운다.

치명적인 악순환의 연결고리가 그렇게 이어진다. 조직의 생존이 몇 세대를 견뎌낼지 알 수가 없다. 그나마 은행처럼 라이선스 산업은 진입 규제의 보호막 덕분에 목숨을 연명해나갈 수 있을지 모르지만, 그렇다 하더라도 허울만 좋을 뿐이다. 그 피해는 오롯이 소비자에게 돌아간다. 이런 악순환의 고리에서 빠져 나올 방법은 무엇일까? 어떻게 하면 인지 부조화의 덫을 없앨 수 있는 것일까? 열쇠는 조직 구성원들에 대한 이해와 배려에 있다.

"그러므로 무엇이든지 남에게 대접을 받고자 하는 대로 너희도 남을 대접하라. 이것이 율법이요, 선지자니라." 신약성서 〈마태복음〉 7장 12절에 나오는 구절이다. 〈누가복음〉에도 같은 구절이 있다.[5] 1993년 열린 세계 종교 의회의 회원들이 '세계 윤리를 향한 선

---

5. 〈누가복음〉 6장 31절 "남에게 대접을 받고자 하는 대로 너희도 남에게 대접하라."

언(Declaration Toward a Global Ethic)'을 통해 지지한 윤리적 약속이기도 하다. 이 윤리관은 '황금률'이라고 불린다. 이 표현의 기원은 정확히 알 수 없으나 17세기부터 사용되었다고도 하고, 3세기 로마 황제 세베루스 알렉산데르가 이 문장을 금으로 써서 벽에 붙인 데에서 유래한 것으로도 알려져 있다. '세계윤리연구소'를 창립한 러시워스 키더(Rushiworth Kidder)는 황금률의 윤리관이 기원전 5~6세기경 공자의 유교사상에서 유래해 불교, 기독교, 힌두교 등 모든 종교를 아우르는 공통 윤리관으로 자리 잡았다고 주장한다.

아마도 키더 박사는 공자의 《논어》〈위령공(衛靈公)〉편[6]에 나오는 '己所不欲, 勿施於仁(기소불욕 물시어인)'의 가르침을 황금률의 시초로 보았을 것이다. 중국 시진핑 주석도 이 말을 가훈으로 삼고 있다고 할 정도로 보편적 윤리로 자리 잡고 있음에 틀림이 없다. '내가 원하지 않는 바를 남에게 행하지 말라'는 뜻으로 예수의 성경 말씀과 다름이 없다. 복음서의 황금률이 '내가 기대하는 대접을 남에게 그대로 하라'라는 적극적 윤리 개념이라고 한다면, 공자의 가르침은 '받고 싶지 않은 대접을 남에게도 하지 말라'는 부정형의 소극적 윤리 개념이다. 미묘한 차이가 있을 수 있으나, 추구하는 본질적 윤리 가치는 동일하다고 하겠다.

---

6. 춘추시대 암군(暗君·사리에 어둡고 어리석은 임금) 중 한 사람이었던 위령공과의 대화로 시작되는 《논어》 20편 중 15편

상대방이 어떤 생각을 하고 있는지 알지 못하더라도, 적어도 내가 하고 싶지 않은 것을 다른 사람에게 강요해서는 안 된다는 뜻이다. 남에게 요구하는 일은 자기도 기꺼이 할 수 있어야 황금률이 지켜지는 것이다. 자신의 도덕적 관념이나 가치관이 보편적 타당성을 갖추고 있다는 전제에서는 작동 가능한 인지 부조화 해결의 방법이 될 수 있다.

그러나 지시자의 가치관이나 윤리적 잣대가 남들과 달라 사회적 규범의 틀을 벗어난다면, 자기가 대접받고 싶은 대로 다른 사람을 취급하거나 행동 방향을 결정하는 것은 문제가 있다. 옳고 그름의 기준이 다르기 때문이다. 자기 기준에 맞추어서 하고 싶거나 하고 싶지 않음을 정하는 것은 기준이 다른 상대방에게는 또 다른 인지 부조화를 만들어낸다. 내가 싫어하는 것을 상대방이 좋아할 수 있다는 생각은 하지 않는다. 성경 말씀이든 공자 말씀이든, 황금률은 전적으로 '나'의 시점에서 출발한다. 내가 좋아하는 것은 다른 사람도 좋아해야 한다는 매우 이기적인 관점이다. 나의 생각과 다른 사람의 생각이 항상 같다는 일방적인 전제만이 윤리적 행동 기준으로서 황금률의 역할을 가능하게 한다.

그래서 작가 버나드 쇼(Bernard Shaw)는 '상대방의 취향을 모르면서 황금률을 적용할 수는 없다'고 했다. 경영학자 피터 드러커(Peter Drucker)도 '당신이 대접받고 싶은 대로 다른 사람을 대접하라'는 황금률이 행동 규칙이 되어서는 안 된다고 주장했다. 공감이 결여된 상태에서 상대방이 나에게 해줬으면 하는 방식대로 상대방에게 해서는 안 된다는 이야기다. 공감이 전제되지 않은 황금률 적용은 '나 때는 말이지'와 다름이 없게 된다. 행동 규칙은 시점을 자기 자신에서 상대방으로 옮겨놓고 그들 상황과 입장에 대한 이해를 바탕으로 세워져야 한다. 나는 이렇게 해왔고, 또 내가 원하니 너도 해야 한다는 사고는 보편적으로 따라야 할 규칙으로 발전할 수 없다.

우선 상대방의 생각을 읽고 이해해야 한다. 그러나 아무도 자기 생각을 이야기하지 않는데 그 생각을 유추하거나 상상하기는 어려운 일이다. 따라서 자유로운 의사 개진이 가능한 분위기가 만들어져야 한다. 어렵게 꺼낸 의견이 묵살되거나 핀잔의 대상이 되는 순간, 더 이상 누구도 자신의 마음속 생각을 편히 나누지 못하게 된다. 두려움 없이 생각을 표현할 수 있는 환경이 필요하다. 다양한 의견과 아이디어가 공유될 수 있다면, 구성원들이 어떤 생각을 하고 있는지 알기 쉬워진다.

상대방 의견과 생각을 이해하지 못한 상태에서 의사결정이 일방적으로 이루어져서는 안 된다. 혹시나 그 결정이 상대방의 인지에 부조화를 일으키지는 않는지 알아야 한다. 그래야 설득의 과정도 가능해지고, 결정권자가 왜 그런 생각을 하는지 이해할 수 있는 일말의 가능성이 생긴다. 운 좋게 의사결정권자 스스로 제 생각이 잘못되었음을 깨닫고 방향을 수정할 수도 있다.

아마도 공자의 가르침도 좀 더 깊이 들여다보면 이기적인 자기 관점에서 이야기하는 일방적 윤리 기준은 아닐 것이다. 공자와 그의 제자 자공이 나눈 이야기를 보면 알 수 있다. 자공[7]이 "평생토록 실천할 만한 가르침 한마디가 있다면 무엇입니까?"라고 묻자, 공자가 말하길, "그건 용서(其恕乎)다"라고 했다. 공자가 말한 용서의 서(恕)는 여심(如心)으로 상대방과 같은 마음을 갖는다는 뜻이다. 공자는 용서를 해석하면서 '기소불욕 물시어인'이라 했던 것이다. 상대방에 대한 이해와 공감을 전제했다.

상대방 입장과 생각을 이해하려는 노력이 결여된 황금률은 과감히 버려야 한다. 시점을 '나'에서 '너', '우리'로 넓혀야 한다. 진정한 황금률은 '나'를 '너'로 바꿀 때 완성된다. 인지 부조화를 없애는 가장 어렵지만 가장 좋은 방법이다. 어려운 만큼 조직의 미래를 희생시키지 않는다. 경영자가 이기적 황금률을 버리고 공감의 길을 걸어야 하는 이유다.

---

7. 子貢(BC 520~BC 456), 춘추시대 위나라 유학자

소통,
펭수에게 물어봐

영어의 sympathy와 empathy의 차이는 그 어원을 살펴보면 알수 있다. 우선 sympathy는 '함께'의 뜻을 가진 그리스어 'sym'과 감정 또는 느낌을 의미하는 'pathos'로 이루어진 단어로, 어떤 감정을 같이 느끼는 '동감'을 뜻하는 단어다. 한편 empathy는 '안으로(in)'를 의미하는 'em'과 'pathos'가 결합해 상대방의 입장으로 들어가 느끼고 지각하는 '공감'의 의미가 강하다.

sympathy라는 단어는 쓰인 지 300년 이상 되지만, empathy는 19세기에 들어서 새롭게 등장한 단어라는 사실은, 현대 사회에 들어서면서 동감을 넘어선 공감 영역의 중요성이 커지고 있음을 말해준다. 단지 상대방과 같은 감정을 느끼고 나누는 수준이 아니라, 상대방의 상황에 이입되어 그들의 감정과 심리적 상태를 이해하고 그런 감정 상태의 원인까지를 파악하는 수준에 이르러야 비로소 '공감'의 수준이라고 할 수 있다. 공감은 단순한 동정이 아니라 상대방이 고민하는 문제가 무엇인지 이해하고 어떻게 하면 그 문제를 해결하는 데 힘이 되어줄 수 있는지까지 생각하는 것이다.

국어사전에도 '공감'의 비슷한 말이 동감이라고 나올 정도로 공감과 동감의 뜻 차이가 뚜렷하지 않아 두 단어를 명확히 구별하는 것은 어려울 수 있다. 공감이든 동감이든, 중요한 것은 단지 같은 감정을 느끼는 데 있는 것이 아니라, 상대방이 왜 그런 감정을 느끼는지 이해하는 데 있다. 어떤 특정한 상황이 모두에게 같은 감정을 불러일으키는 것은 아니다. 상대방의 가치관이나 처한 상황이 나와 다를 수 있음을 인정하고, 같은 상황에서도 서로 다른 생각과 감정을 가질 수 있다는 사실을 받아들여야 한다. 상대방을 이해하는 과정이다. 이것이 공감의 출발점이다.

공감 능력은 사람들과의 관계를 다른 차원으로 개선하는 힘이 된다. 기업 경영에서 공감 능력이 필수적인 이유는 올바른 구성원들과의 관계 형성이 바로 공감을 바탕으로 이루어지기 때문이다. 그러나 안타깝게도 우리가 접하는 대부분의 경영은 공감 없는 일차원적인 일방적 지시나 명령일 뿐이다. 상황이 어쩔 수 없으니, 다른 말하지 말고 그냥 따라 달라는 요구다. 당신 생각도 알겠으나 달리 방법이 없다는 식이지만, 정작 그 생각은 들어본 적도, 들어볼 의지도 없어 보인다.

직원들을 독려하는 가장 자극적이고 직접적인 방법이 '위기론'이다. 매년 신년 기업 행사의 단골 메뉴가 된 지 오래다. '지금 경제 환경과 기업 상황은 심각한 위기다. 따라서 어느 때보다 더 심기일전해서 허리띠 조여 매고 온 힘을 다해야 한다'라는 판에 박힌 시나리오를 읊어대는 데 부끄러움이 없다. 하지만 정작 직원들은 위기감을 느끼지 못한다. 위기가 아닌 적이 없기 때문이다. 지금까지 위기론은, 경영진이 원하는 바를 강요하는 좋은 구실일 뿐이라는 사실을 모든 직원이 잘 알고 있다. 왜 우리는 매년 위기 속에서만 살아야 하는지 공감이 전혀 없다. 그래도 경영자는 구성원들에 대한 강요가 정당성을 확보했다는 위안을 찾는 궁색한 방편이다. 자기 '좋을 대로 적응하기'식 인지 부조화 해결의 쉬운 방법이 아닐 수 없다.

그러나 일방적으로 내가 원하는 방향을 강제하고 따라오기를 바란다면 큰 착각이다. '나를 따르라' 하고 뛰어나가면서 뒤를 돌아보는 순간, 아무도 없음을 확인하고 다리에 힘이 빠져 주저앉고 말 것이다. 왜 뛰어나가야 하는지를 모르는데 목숨을 걸 사람은 많지 않다. 적어도 이유는 알아야 하지 않겠는가. 경영자 자신의 인지 부조화는 쉬운 방법으로 해결되었는지 모르지만, 그들을 따라야 하는 구성원들은 더 큰 인지 부조화로 괴로워한다.

'Latte is horse'라는 우스갯소리가 있다. '라떼는 말이야'라는 말을 영어로 직역한 말이다. '나 때는 말이야'라는 기성세대의 고리

타분한 이야기를 풍자한 농담이다. 일방적 강요의 당위로 사용되는 또 하나의 레퍼토리다. 같이 가야 할 상대방의 입장이나 견해를 전혀 고려하지 않고 자기 자신만의 세계 속에서 그저 혼자만의 주장을 늘어놓는 상황을 비꼰 말이다. 요즈음 우리나라의 노동 시장 유연성이 많이 높아졌다고는 하나, 아직도 이직이 자유롭지는 않다. 그만큼 조직의 개방성이 떨어지고 오랜 기간 한 직장에서 근무하는 경우가 많다 보니 변화 수용이 상대적으로 어렵고 과거에 대한 집착이 강한 경향이 있다. '나 때도 그랬으니, 너도 당연히 그렇게 해야 한다'는 공감 없는 주장을 습관처럼 하게 되고, 이 습관은 세습된다. 세대가 다른 후배들은 이런 공감 없는 지시를 공감하지 못하고 스트레스를 받는다. 그런 지시를 진심으로 따를 후배들도 많지 않다.

공감 능력은 그냥 얻어지는 것이 아니다. 큰 노력이 따라야 한다. 공감 능력이 다분히 타고나는 것이라 하더라도, 다행스러운 것은 노력에 의해서도 공감 능력이 향상될 수 있다는 점이다. 《공감하는 능력》[8]의 저자 로먼 크르즈나릭(Roman Krznaric)은 공감이란, 다른 사람의 입장에 서서 그들의 시각으로 세상을 바라보는 것이라고 정의한다. 사회에 대한 그들의 견해를 형성하는 생각·감정·경험·가

---

8. Empathy: A Handbook for Revolution

치를 이해하는 능력이 공감 능력이 된다. 편협한 개인주의적 특성이 강해지는 사회일수록 공감은 행복을 증진시키는 필수 요소가 된다고 주장한다. 공감이야말로 관계의 질을 높이고 소통의 폭을 넓히며, 사람과 사회에 대한 편견과 전형에 도전할 수 있는 계기를 만들어낼 수 있다.

요즘 새로운 팬덤 현상까지 보이며 인기가 하늘 높이 치솟고 있는 '펭수'의 인기 비결은 바로 그의 공감 능력이다. 보면 볼수록 펭수의 매력에 조금씩 빠져들게 되고 그 신드롬이 조금씩 이해되기 시작한다. 방송사 사장님 이름을 친구 부르듯 거리낌 없이 부르며 직원들이 하고 싶어 하는 이야기를 대신해준다. "나는 지금 힘든데 힘내라고 하면 힘이 나겠냐"고 거침없는 독설을 퍼붓는다. "취향은 사람마다 다르니 취향을 존중해달라"고 한다. 상대방의 취향을 모르면서, 내가 대접받고 싶은 대로 남을 대하라는 황금률을 행동 규칙으로 삼아서는 안 된다고 비판한 버나드 쇼만큼이나 공감의 중요성을 이해하고 전파한다.

많은 사람이 펭수를 좋아하게 된 이유 중 가장 눈에 띄는 것은 '내 편같이 느껴져서'이다. 내가 하고 싶은 이야기를 대신해주고, 나를 이해해주는 포근한 느낌을 받기 때문이란다. 이것이야말로 공감의 힘이 아닐까? 펭수가 CEO가 된다면, 누구보다 훌륭한 리더십을 발휘할 수 있을 것이라는 생각에 의심의 여지가 없다.

펭수처럼 두뇌의 공감 회로를 작동시키는 능력이 큰 사람들은 선천적으로 그 재능을 타고 났을 가능성이 크다. 그러나 우리도 훈련과 노력을 통해 그 능력을 얼마든지 키울 수 있다. 듣는 습관을 키우고 문화 예술의 다양한 체험을 통해서 다른 가치와 관념을 경험하는 등[9]의 노력을 통해 공감 능력을 키워나갈 수 있다.

미래 국가의 경쟁력은 공감 능력에 있다는 주장이 설득력을 얻고 있다. 4차 산업혁명의 급 물결 속에서도 로봇이나 인공지능이 대체할 수 없는 부분이 인간의 공감 능력이라고 한다. 국가, 기업의 경영이 공감을 바탕으로 한 리더십에 의해 이루어질 때 비로소 지속 가능한 발전을 기대할 수 있다.

---

9. 로몬 크르즈나릭, 《공감하는 능력》

*

다른 사람의 신을
신고 걸어라

최고 55%를 넘는 시청률을 기록하며 중국, 대만, 일본뿐 아니라 중동 지역까지 수출되어 공전의 인기를 얻었던 〈대장금〉이라는 대하드라마가 있다. 2003년 방영되어 17년이 지난 지금도 그 인기가 식지 않아 이란에서는 90% 가까운 시청률을 기록했다고 한다. 조선 중종 때의 어의녀로 왕의 주치의 역할을 했다고 전해지는 대장금의 삶을 재조명한 드라마로, 수라간 궁녀로 궁에 들어가 어의녀가 되기까지의 역정을 그린 이야기다.

대장금의 스승인 한 상궁과 최 상궁이 수라간 최고 상궁 자리를 놓고 경연을 벌이는 장면이 나온다. 경연 과제는 밥 짓기. 한 상궁과 최 상궁이 지은 밥을 놋그릇과 백사기 그릇에 각각 담아 각 소주방 상궁들이 맛을 보고 심사해 그 결과에 따라 승패가 결정되는 경연이다.

누가 지은 밥인지 모른 채 밥맛을 본 상궁들은 중전의 물음에 한결같이 백사기 그릇의 밥의 훌륭함을 칭찬했다. 그동안 맛보지 못했던 차지고 부드러운 맛이라 평가한 것이다. 경연장에 모인 모든 사람은 상궁들의 평가를 듣고는 경연의 승자는 백사기 그릇에 담긴 밥을 지은 자일 것으로 생각했다. 그러나 막상 뚜껑을 열어보니 놀랍게도 놋그릇 밥을 선택한 수가 많았다. 예상을 뒤엎는 결과다. 놋그릇의 밥은 한 상궁이 지은 밥이었다. 평가에 참여한 상궁들에게 놋그릇 밥을 선택한 이유를 묻자 그 이유가 흥미롭다. 어떤 이는 백사기 그릇의 밥은 흠잡을 데가 없었지만, 진밥을 좋아해서 놋그릇 밥을 선택했다 하고, 또 다른 이는 된밥을 좋아해서 놋그릇 밥을 선택했다고 했다.

　　한 상궁은 밥을 지을 때 어떻게 하면 새로운 맛을 낼까 고민했던 것이 아니라, 대접할 상궁들 입맛을 일일이 알아내어 그들 각각의 취향에 맞는 밥을 지어냈다. 그런데 어떻게 한 솥의 밥이 질기도 하고 되기도 한 것인가? 밥솥 안 한쪽에 그릇을 놓아 쌀이 물 위로 올라오게 하면 그쪽은 된밥이 되고 가운데는 보통밥이 되고 나머지 한쪽은 진밥이 된다. 한 상궁은 그렇게 지은 밥을 상궁들의 입맛에 맞추어 내놓았다.

　　그런데 더 놀라운 일은 한 상궁이 소주방 상궁들의 입맛을 일일이 알고 있다는 사실이다. 어렸을 때부터 함께 생활했던 상궁들의 취향을 세심히 파악했기에 가능한 일이다. 상대방에 관한 관심과 이해가 없으면 불가능한 일이다. 오랜 기간 배려와 공감의 노력이 만들어낸 승리가 아닐 수 없다.

최 상궁이 지은 백사기 그릇의 밥은 밥솥 위에 무거운 돌을 올려놓고 솥 가장자리를 쌀 반죽으로 둘러 김이 새어 나오는 것을 막아 마치 압력밥솥과 같은 효과를 내어 지은 밥이다. 더구나 최상의 쌀을 구해 지은 밥이니 그 맛이 새롭고 훌륭했음은 당연하다. 그러나 사람들이 선택한 것은 참신한 방법으로 만들어낸, 흠잡을 데 없는 좋은 맛이 아니었다. 그들은 맛이 아니라 자신의 취향까지 파악하고 이해해주는 공감의 따뜻한 마음을 선택했다.

비행기 여행을 하다 보면 가끔씩 귀청을 찢을 듯한 어린 아기의 울음소리를 듣게 된다. 아기 엄마가 안고 업고 달래보아도 울음을 그치기는커녕 더 큰 소리로 악을 쓴다. 그때 같은 비행기를 탄 또래 아이가 다가가 자기가 빨고 있는 고무젖꼭지를 빼서 준다. 고무젖꼭지를 받아든 아이는 신기하게도 울음을 그친다. 낯선 비행기 안의 분위기나 기압 차로 불편해하며 울고 있는 아이의 마음을 이해하고 공감해준 것이다. 아이가 처한 상황을 알고 있는 친구는 어떻게 하면 그 아이가 마음의 안정을 찾고 편안해질 수 있는지를 정확히 안다. 공감의 정석이다.

기업 경영을 포함한 경제·사회 활동의 대인관계에서 모든 상대방의 입장을 고려해 그들의 성향에 맞는 정책을 시행할 수는 없다. 특정한 의사결정이 모든 관계자를 일률적으로 만족시키는 것은 불가능하기 때문이다. 사람들의 각기 다른 성향과 취향을 맞추어 수십, 수백 가지 다른 방향의 정책을 낼 수는 없다. 의사결정은 다양한 관계자들의 가치관과 의식의 교집합을 찾아내는 과정이다. 구성원들의 인지 부조화 영역의 넓이를 최소화하고 인지 조화의 공통분모를 끌어내는 프로세스가 필요하다.

교집합과 공통분모 밖에 있는 부조화가 적어지면, 그 부조화는 해소되기 쉽다. 상대방을 공감하면 자기 생각을 이해시킬 방법과 이유를 찾기 쉬워진다. 공감이 공감을 부르는 상호작용의 선순환 구조를 만들어가게 된다. 어떤 의사결정이 상대방의 가치 기준에 어떤 영향을 미치는지 이해하고, 어떤 인지 부조화의 불편함을 누가 어떻게 느끼는지를 이해할 수 있다면 그 불편함을 치유하는 방법도 찾아낼 수 있다. 어디가 어떻게 아픈지 모르는데 병을 고칠 수는 없다.

하버드대 의과대학 교수인 헬렌 리스(Helen Riess) 박사는 뇌과학에 근거한 연구를 통해 공감 능력이 성과에 어떤 영향을 주는지를 밝혔다. 환자와 의사 사이의 공감 형성이 치료 효과를 극대화하고, 경영진과 종업원 간의 공감 정도가 기업 성공의 가능성을 결정하는 중요한 요소임을 증명해냈다. 의사로부터 관심을 받고 있지 않다고 느끼는 환자는 회복 기간이 훨씬 길고 면역력도 떨어진다. 소외되어 관심받지 못하는 학생들의 중퇴 확률은 훨씬 높다. 경영진이 구성원들을 먼저 이해하고 공감해주면, 그들의 적극적이고 생산적인 참여를 끌어낼 수 있다.

그러나 아무리 공감의 중요성을 강조한다 해도 어떻게 해야 공감할 수 있는지 모른다면 소용이 없다. 어떻게 공감할 것인가? 공감 능력은 개발될 수 있는가? 리스 교수는 공감 능력은 훈련을 통해 얼마든지 향상시킬 수 있다는 사실을 밝히고, 사람들과의 관계를 형성하는 일곱 가지 열쇠를 제시했다.[10] 눈 맞춤, 표정 읽기, 태도, 감정 상태, 어투, 판단하지 말고 듣기, 반응하기를 통해 사람들과의 상호작용의 깊이를 더하고 공감의 정도를 강화할 수 있다. 공감은 단지 감정적 교감뿐만 아니라 서로에 대한 이해의 연결고리로 작용한다.

리스 교수가 이야기하는 공감의 열쇠는 결국 끈기 있는 관심이다. 그 관심은 상대방에 대한 호기심으로 출발해야 한다. 내가 생각

---

10. The empathy effect, Helen Riess, Liz Neporent, 'empathy'의 앞 글자를 딴 7가지 공감 향상 요소를 정의. 1. Eye Contact, 2. Muscles of Facial Expression, 3. Posture, 4. Affect, 5. Tone of Voice, 6. Hearing the Whole Person, 7. Your Response

하는 대로 판단하는 것이 아니라, 상대방의 입장에 서서 그들의 생각과 감정을 이해하려는 노력이 필요하다. 일방적인 지시로 조직 내 갈등을 일으키는 사람들은 지시받는 사람 입장이 궁금하지 않다. 그저 내 입장과 생각만이 중요할 뿐이다.

영어에 "Put yourself in other's shoes"라는 표현이 있다. 직역하면 '다른 사람의 신발을 신어보라'는 뜻인데, 다른 사람의 입장이 되어보라는 은유적 표현이다. 비슷한 말로 "그 사람의 신발을 신고 1마일 걸어보지 않고는 그 사람을 평가하지 마라"는 체로키 인디언의 속담도 있다. 겉으로 보이는 모습만으로 그 사람의 생각과 의식을 속단해서는 안 된다는 뜻이다. 상대방을 이해하기 위해서는 그 사람의 입장에서 보고 듣고 진심으로 느껴야 한다. 다른 사람의 입장이 되어보지 않고 공감할 수는 없다.

〈대장금〉의 한 상궁도 다른 상궁들의 신발을 하나하나 신고 걸었다. 그들이 어떤 것을 좋아하고 싫어하는지, 어떤 성향과 기질을 지녔는지 직접 느끼고 이해하려고 노력했다. 나의 입장이 아니라 그들의 관점에서 바라본 것이다. 그렇기에 한 상궁은 동료 상궁들의 입맛 하나하나를 파악하고 그 취향에 맞는 밥을 지어 대접할 수 있었다. 비행기 안의 아기 울음을 멈추게 했던 아이 역시 마찬가지다. 우는 아기의 상황을 아기의 관점에서 이해하지 못하면 찾아낼 수 없는 해답을 찾아낸 것이다.

아프리카 줄루족의 인사말은 "나는 너를 본다(I see you)"라고 한다. 리스 박사가 이야기하는 눈 맞춤, 표정 읽기, 듣기 등도 모두 상대를 바라보아야 가능하다. 우리 안에 잠재된 능력을 최대한 끌어내기 위해서는 서로 바라보아야 한다. 상대방 눈에 투영된 자신의 특별함을 볼 수 있기 때문이다. 상대방을 공감의 테두리 안에 불러들일 때 모두가 함께 갈 수 있다.

다른 사람의 신이 편할 리 없다. 우연히 남의 신발이 내 발에 딱 맞을 가능성은 별로 없다. 체로키 인디언 속담처럼 1마일이나 남의 신발을 신고 걷는다면 발에 물집이 잡히고 진물이 날지도 모른다. 맞지 않는 다른 사람의 신발을 신고 걷는 길은 어렵고 힘들다. 그러나 직접 신고 걸어보지 않고서는 그 신발이 작은지 큰지, 어디가 불편한지 알 수가 없다. 신발 주인의 걸음걸이도 느껴볼 수 없다. 보폭이 큰지, 양쪽 발의 균형은 맞는지 아니면 한쪽으로 기울어져 있는지 그림이 그려지지 않는다.

다른 사람의 신발을 신고 걷는 것은 공감의 노력이다. 공감은 일방적이지 않다. 상대방과의 상호작용이다. 상대방을 공감하려 노력할 때, 그 상대방도 나에게 공감하려 한다. 그들을 먼저 이해하려고 할 때, 그들도 나를 이해한다. 공감이 주는 긍정적 영향은 그 힘든 길을 걸어가는 고통을 충분히 보상하고도 남는다. 공감을 통해 인지 부조화의 아픔이 치유된 구성원들의 자발적 참여는 역동적이며 발전적인 조직 환경을 만든다. 다른 사람의 신발을 신고 걷는 걸음은 더 이상 고통이 아니다. 그저 가볍고 즐거울 뿐이다.

2.
공감을 이끄는
리더의 자질

워런 버핏의 베팅,
경영은 마라톤이다

미국의 투자 귀재로 알려진 버크셔 해서웨이(Berkshire Hathaway)의 워런 버핏(Warren Buffett) 회장은 매년 2월이면 어김없이 주주서한을 작성해 발표한다. 버크셔 해서웨이의 연간 실적에 대한 상세한 설명과 함께 자신의 투자 철학과 기업 경영에 대한 소신을 친절하게 대화하듯 풀어낸다. 오랜 기간 투자 경험에서 우러나는 예리한 관찰력과 사물을 꿰뚫어 보는 통찰력을 느낄 수 있어, 설레는 마음으로 서한이 나오기를 기다린다. 좀처럼 만나 볼 기회가 없는 경영 대가(guru)의 강의를 직접 듣는 듯한 행복에 매년 빼놓지 않고 찾아보는 경영서와 같다. 실제로 매년 발표된 그의 주주서한과 주주총회에서 주주들과 나눈 질의응답을 모은 《The Essays of Warren Buffett(워런 버핏의 주주서한)》이라는 책은 베스트셀러가 되기도 했다.

그의 주주서한은 회사 구성원과 주주들과의 소통일 뿐만 아니라, 기업 경영의 윤리적 가치와 지배구조에 대한 원칙을 제시하며 경영자가 갖추어야 할 도덕적 기준과 자질을 논하는 훌륭한 교과서이다. 특히 실패한 투자를 통해서 얻은 경험을 공유하며, 실패의 원인을 솔직하게 털어놓는다. 값진 산 교육이 아닐 수 없다.

2020년 2월에 발표한 주주서한에서 워런 버핏은 기업 경영 원칙의 하나로 기업 이익의 장기적 재투자의 중요성을 강조했다. '유보 이익의 힘'이라는 단원에서 1924년 당시 무명 경제학자였던 에드가 로런스 스미스(Edgar Lawrence Smith)가 쓴《Common stocks as long term investments(장기 투자로서의 보통주)》라는 책을 인용했다. 스미스가 이 책을 출판하기 전, 투자자들은 이익 유보의 가치를 인정하지 않았다. 주식은 시장 변화에 대한 단기성 도박이나 투기의 수단으로 여겼다. 그는 이 책에서 회사의 가치는 유보 이익의 지속적인 재투자 수익으로부터 발생된다고 말하며 투자에 대한 기존 인식을 뒤집었다. 스미스의 책을 비평한 존 메이너드 케인스(John Maynard Keynes)는 이익 유보의 장기적 투자 가치라는 새로운 관점을 높이 평가했다. 주주에게 배당되지 않고 유보된 이익이 회사의 진정한 가치를 만드는 것이며, 이는 저축과 복리 개념의 결합이 기적을 만드는 것과 같다고 말한다. 케인스가 새롭고 신선하다고 말한 이익 유보와 재투자의 복리 혜택은 초등학생들도 배우는 기본적인 지식이 되었다.

워런 버핏은 투자를 단기적 관점에서 보지 않는다. 그의 투자 원칙은 거시적인 장기 전략에 근거한다. 그가 줄기차게 강조하는 일관된 투자 철학의 하나다. '10년 이상 보유하려 하지 않는다면 그 주식은 단 10분도 보유해서는 안 된다'는 주장은 그의 투자 원칙을 쉽게 읽을 수 있는 부분이다. 기업 경영을 바라보는 그의 시각도 동일하다. 버크셔 해서웨이가 투자한 기업들은 장기적 관점에서 지속 가능한 전략을 요구받는다. 심지어 회계상 당기순이익 숫자에 연연하지 말라고 한다. 중요한 것은 단기 이익이 아니라, 건전한 순자본 영업 이익률을 유지할 수 있는 장기적 전략이며, 그 이익은 지속해서 재투자되어 복리로 증가한다. 이런 전략을 효율적으로 수행할 좋은 경영진이 있어야 함은 물론이다.

워런 버핏이 거시적 장기 투자 전략의 효용성을 증명하기 위해 100만 불 내기를 제안한 일화는 유명하다. 글로벌 금융위기로 주가가 대폭 하락한 2007년, 워런 버핏은 단기 투자 위주의 전략을 구사하는 헤지펀드에 도전장을 낸다. 2008년 1월부터 10년간 S&P500 인덱스의 수익률이 헤지펀드로 구성된 투자 포트폴리오 대비 높은 수익률을 거둘 것이라는 워런 버핏의 예측이 내기의 대상이었다. 펀드 수수료와 각종 관련 비용을 차감한 순수익을 기준으로 인덱스 수익률이 헤지펀드 포트폴리오보다 높을 경우, 워런 버핏이 승리하게 된다. 헤지펀드 포트폴리오는 내기에 참여할 상대가 임의로 구성할 수 있다는 조건이다. 각각 32만 불씩 걸었고,

이긴 사람 명의로 자선단체에 기부하기로 했다. 초기 판돈은 10년 간 미국 국채 등 유가증권에 투자되어, 내기가 끝나는 시점에서 약 100만 불 규모의 기부금이 마련될 것으로 예상했다.

워런 버핏은 이 내기 제안을 롱베츠(Long Bets, www.longbets.org)라 는 공공 베팅 플랫폼에 올렸다. 〈와이어드(Wired)〉의 편집자인 케빈 켈리(Kevin Kelly)와 〈지구 카탈로그(Whole Earth Catalog)〉를 편찬한 스튜 어트 브랜드(Stewart Brand)가 공동으로 설립한 이 플랫폼은 장기적인 사회적 이슈들에 대한 예측을 내기의 대상으로 올리고, 승부의 대 가를 자선 목적으로 활용한다. 사회의 장기적 사고를 개선시키는 동시에 사회 기부의 기회를 제공한다. 롱베츠는 내기의 결과를 토 대로 미래 사회 발전을 위한 여러 의견을 교환하는 포럼을 열기도 한다. 사회 여러 분야의 미래를 예측해보고, 활발한 토론과 다양한 의견 수렴을 통해 인류 미래를 더욱더 현명하게 준비하자는 취지 다.

선뜻 나서는 헤지펀드가 없어 한참을 기다린 끝에, 뉴욕 소재 헤지펀드인 프로테제 파트너스(Protege Partners)의 공동 경영자인 테 드 사이더스(Ted Seides)가 나섰고 마침내 내기가 성립되었다. 사이 더스는 다섯 개의 헤지펀드를 선정해 포트폴리오를 구성했고, 워 런 버핏이 선택한 시장 인덱스와 수익률 경쟁을 시작했다. 드디어 10년 후인 2017년 12월, 테드 사이더스는 패배를 인정하고 워런 버핏의 승리를 선언했다. 워런 버핏이 투자한 S&P500 인덱스 펀드는 누적 수익률 125.8%를 기록한 반면, 헤지펀드는 36% 수익률에 그쳤다. 내기 판돈은 미국 국채 및 버크셔 해서웨이 B 주식 투자 등을 통해 애초 예상했던 100만 불을 훨씬 초과한 220만 불 이상으로 불어났고, 워런 버핏이 지정한 '오마하 걸스 주식회사(Girls Incorporated of Omaha)'라는 여자 청소년들의 재활과 교육 프로그램을 운영하는 비영리 단체에 기부되었다.

워런 버핏은 승리의 원인을 아주 간단한 투자 원칙으로 이야기했다. 단기적인 대중의 군중심리를 따라 행동하지 않으며, 거시적 통찰력으로 몇 가지 단순한 기본적 요소에 집중하면 된다는 것이다. 단기 매매 위주의 헤지펀드는 본질적으로 많은 거래 비용을 수반한다. 펀드의 관리 수수료도 인덱스 펀드보다 훨씬 높다. 장기적 방향성을 추구하는 투자와는 거리가 멀다. 시장의 흐름에 따라 수시로 방향을 바꾸다 보면 장기적으로 실현되는 내재 가치에는 관심을 둘 수 없다. 장기 투자 게임에서 시장의 장기적 방향성에 투자한 워런 버핏의 승리는 이미 예견된 것이나 다름없다.

기업 경영도 마찬가지다. 단기적 성과나 이해관계에 얽매여 전체적인 방향을 바로 세우고 유지하지 못한다면, 그 기업의 미래는 불안해진다. 우리나라의 금융회사를 포함한 많은 기업이 단기 성과 목표에 목을 매 허우적거리다가 정작 중요한 전략적 목표를 잃고 방황하는 모습을 많이 목격한다. 장기적이고 일관성 있는 경영을 가능하게 하는 경영 평가체계나 거버넌스 구조의 개선이 절실하다.

아직도 대부분 기업은 경영 평가의 기준을 단기적 관점에서 설정하려는 경향이 크다. 장기 평가 기준을 마련하기엔 임기가 너무 짧다. 임원을 '임시 직원'이라 일컬을 정도로 신분의 보장이 없다. 고작 1년 살이 임시 직원을 장기적 시각으로 바라봐줄 여유가 없다. 최고경영자가 매년 인사권을 행사하면서 임원들에 대한 통제력을 강화하고 충성을 강제할 수 있을지 모르겠지만, 이런 구조로는 조직이 장기적 방향성을 갖기 어렵다. 하루하루 살아가기 급급하다. 평가 기준도 임기에 맞춰 단기적일 수밖에 없다.

구성원들의 계속성이 떨어지는 상황은 계속기업(going concern)으로서 기업의 존재를 어렵게 한다. 매년 장기 계획을 세운다면 그 계획은 더 이상 장기 계획이 아니다. 물론 아무도 예상하지 못하는 환경 변화로 어쩔 수 없이 계획의 수정이 필요할 때가 있을 수 있겠으나, 기업이 지향하는 궁극적 목표는 지속적으로 추구되어야 한다. 단기 성과에 집착해 허둥대는 경영진에게서 기업의 장기 목표를 고민할 여력을 기대하기는 어렵다.

그러다 보니 경영진이 구성원들에게 요구하는 목표 또한 매우 단기적이다. 년 단위, 분기 단위, 월 단위로 단기화된다. 그러다 보니 핵심성과지표(Key Performance Indicator, KPI)는 수학이 된다. 어떻게 하면 높은 점수를 쉽게 딸 수 있는지 열심히 공부해서 공식을 만들어내고, 그 공식에 따라 내달린다. 소비자에게 도움이 되는 솔루션을 제공하는 것이 아니라, KPI 공식에 대입할 숫자를 찾기 위해 고객을 이용한다. 카드 발급을 권유하면서, 발급받은 카드는 잘라 버려도 된다고 친절히 설명한다. 분기 말, 연말 평가를 위해 통장 잔고를 높여달라고 요청하면서, 다음 날 찾아가셔도 좋다는 세심한 배려(?)를 잊지 않는다.

파생상품이 무엇인지 이해도 못 하는 70대 노인을 상대로 파생상품 결합 펀드를 판매하고, 손실은 고스란히 고객의 책임으로 돌린다. 당장 수수료 수익을 올려야 한다고 하니, 수수료율이 높은 상품을 집중해서 팔아야 한다. 아니면 우리 지역 본부장 임기 연장이 어렵다고 한다. 구성원들은 혼란스럽다. 내적 갈등은 최고조에 달하게 된다. 내가 지금 온 힘을 다하고 있는 행동이 과연 조직의 미래에 무슨 도움이 되는지 알지 못하기 때문이다. 도움이 되기는커녕 오히려 해가 될 수도 있다는 생각에 이르면 괴롭기까지 하다. 경영진도 마찬가지다. 자리를 유지하기 위해서는 어쩔 수 없이 가치관을 버리는 선택을 해야만 한다. 전형적인 인지 부조화의 부작용이 나타난다. 이런 부조화는 특히 CEO의 개인적 이해가 조직의 장기적 비전과 상충할 때 가장 심각하게 발생한다.

경영은 마라톤이다. 그런데 정작 뛰고 있는 경기장은 100m 트랙이다. 마라톤 선수로 키운 선수를 100m 경기에 출전시키면 온몸이 고생스럽다. 주법이 다르다 보니 성적도 좋을 리 없다. 단거리 레이스를 몇 경기만 뛰어도 기진맥진 쓰러져 더는 뛰기가 어렵다.

직원들에 대한 신뢰와 믿음이 우선되어야 먼 거리를 달릴 수 있다. 그래야 장기적 목표에 맞추어 호흡을 조절해가며 페이스를 유지할 수 있다. 다시 말해, 서로의 믿음 속에 긴 호흡으로 장기적 방향을 설정하고 꾸준히 전진할 수 있다. 지속 가능한 경영 이념과 목표를 공유하고 함께 추구할 때 단기 성과는 자연스럽게 따라오는 부산물이다. 장거리 경주가 가능하기 위해서는 우선 임원의 선발·임기·역할 등이 재정립되어 조직의 미래 비전과 일치되어야 한다. 그래야 KPI도 합리화될 수 있다. KPI 자체가 목적이 되어서는 안 된다. KPI는 장기적 비전 달성을 위한 등대와 같은 길잡이일 뿐이다.

마라톤에 맞는 옷과 신발이 필요하다. 각 구간에 맞는 보폭과 속도를 조절해가며 체력을 유지해야 한다. 매번 단거리 스퍼트를 강요해서는 안 된다. 경영자는 마라톤 선수의 트레이너요, 감독이 되어야 한다. 이것이 구성원들의 행동과 그들이 꿈꾸는 조직의 미래를 일치시키는 경영자의 필수적 역할이다.

*

경영자 선택의 기준,
정직성으로 승부하라

워런 버핏이 성공적 투자를 위해 강조하는 또 하나의 중요한 원칙이 경영자의 정직성이다. 실패를 은폐하고 숨기며, 기업 회계 기준 뒤에 숨어 교묘히 영업 성적을 화장해 성공을 가장하는 경영자의 기업에는 절대 투자하지 않는다. 실패했더라도 실패를 솔직히 인정하며 그 원인이 무엇이었는지, 위협 요소는 무엇이며, 앞으로 어떻게 대처할 것인지, 명확하게 밝히는 경영진이 있는 기업만을 골라 투자한다는 것이다. 화려한 성과를 뽐내며 자랑하는 부정직한 경영자는 반드시 실패한다. 결코 장기적 성과를 기대하고 신뢰하며 투자할 수 없다. 비록 단기적 성과가 불만족스럽다 하더라도 정직한 경영자는 오랫동안 믿고 기다려줄 수 있다.

사회 초년 시절부터 금융인으로서 정직성(integrity)은 무엇과도 바꿀 수 없는 절대 가치라고 배웠다. 참으로 다행한 일이 아닐 수 없다. 나의 첫 직장은 세계은행 산하 개발도상국 민간 기업 투자 지원 기구인 국제금융공사(International Finance Corporation, IFC)가 당시 세계 일류 금융회사들과 공동으로 투자해 설립한 외국 합작 금융사였는데, 입사 첫날부터 거의 세뇌 수준으로 교육받았던 철칙이 바로 정직성이다. 다른 어떤 조직보다도 윤리 기준이 엄격한 국제기구 성격상 더욱 강한 윤리의식을 투자 회사에 요구했을 것이다. 취급하는 금융상품에 대한 지식이나 마케팅 전략은 기술적 노하우일 뿐, 정직성의 토대 없이 쌓아 올린 전문성은 오히려 고객에게 해악(害惡)이라고 가르쳤다. 전문성의 쓰임은 정직성을 바탕으로 할 때 비로소 유익한 효용을 만들어낼 수 있다. 부정직성은 다른 이해관계자들의 희생을 초래할 수밖에 없고, 그 희생을 대가로 향유하는 기업과 그 경영자들의 행복은 결코 오래 갈 수 없기 때문이다.

'integrity'의 어원은 라틴어 'integer'로, 굳이 다른 것을 붙일 필요 없는 완전한 상태를 뜻한다. 개인 가치관과 연관된 개념으로 해석하자면, 개인이 가지고 있는 신념의 요소들이 갈등이나 모순 없이 서로 일관성을 갖고 정렬된 상태라고 할 수 있다. 자신이 처한 상황에 따라 가치관이 바뀌거나 말과 행동이 달라 갈등을 일으키는 대립이 없는 일관된 통합성을 의미한다. 'integrity'는 겉으로는 건강한 장기적 미래 비전을 이야기하면서, 실제로는 단기적 성과에 연연하며 비전과 충돌하는 부조화를 허용하지 않는다. 좌우로 흔들리지 않는 곧고 바른 마음, 즉 정직함이다.

경영의 원칙으로 누구보다 '정직성'을 강조한 사람은 경영학자 피터 드러커(Peter Drucker)이다. 그는 '내 자식들이 같이 일하길 원하는 경영자의 자질 중 으뜸이 바로 정직성'이라고 할 만큼 정직성을 가장 중요한 경영자의 조건이라고 주장한다. 경영자는 주어진 일을 정해진 바대로 올바르게 처리하기만 하면 되는 사람이 아니라, 올바른 일이 무엇인지 찾아 실행하는 사람이라고 정의한다("It's more important to do the right thing than to do things right."). 무엇이 올바른 일인지 판단하기 위한 전제가 바로 정직성이다.

그는 타협할 수 없는 정직성의 원칙을 지켜내느냐가 경영의 진정성을 증명한다고 했다. 정직성 원칙에 대한 조직의 의지는 인사 과정에서 잘 드러난다. 아무리 뛰어난 지식과 기술을 겸비한 사람이라 하더라도 정직하지 않은 사람은 기용하지 말아야 한다. 정직성이란 리더십이 발휘되는 인품이기 때문이다. 그 인품이 조직의 모범을 만들고 따라야 할 모델이 된다. 사람의 인품은 반드시 드러나게 되어 있어, 속일 수가 없다. 함께 일하는 동료들은 그 사람의 정직성을 알아보는 데 그리 긴 시간이 걸리지 않는다. 특히 부하직원들 눈에는 상사의 정직성 여부가 바로 보인다.

그들은 능력이 조금 떨어지고 지식이 충분하지 않거나 태도가 거칠어도 그 사람을 동료애의 아량으로 용서할 수 있다. 그러나 정직성의 결여는 용서되지 않는다. 더구나 정직성이 결여된 사람이 등용되는 일은 눈 뜨고 볼 수 없다. 그런 사람을 선택한 경영진도 이해할 수 없다. 최고경영자(CEO)의 자리라면 더욱 그러하다.

피터 드러커가 'integrity'를 경영자의 절대적 요건이라고 했던 것은 경영자의 인품이 조직 전체의 문화와 구성원들의 의식을 결정하는 가장 중요한 요소이기 때문일 것이다. 경영자의 인품은 구성원들이 따라야 하는 모델이 되는 만큼, 부정직한 인품은 조직 전체의 부정직한 분위기를 돋우게 된다. 어떤 사람이 승진하고 기용이 되는지를 보면 따라야 할 경영자의 도덕적 기준과 가치관을 쉽게 알아볼 수 있다. 조직에서 살아남을 수 있는 방법을 찾을 수밖에 없다 보니 가슴 속 외침과는 다른 선택을 강요당한다. 인지 부조화의 걸림돌을 제거하고 심리적 불안감을 해소할 수 있는 방법을 어떻게든 빨리 찾아야 한다. 가치관 바꾸기의 과정이 진행된다. 결국 경영자의 부정직한 인품이 조직 전체의 규범이 되어버리고 미래를 담보할 수 없는 하루살이 조직이 되는 것이다.

정직성은 양심이다. 개인적인 이익을 위해 희생시킬 수 있는 가벼운 신념이 아니다. 정의로운 조직으로 미래를 살아가는 지속 가능한 기업으로 발전하기 위한 토대이기에 반드시 지켜야 할 가치관이다. 경영자가 그 가치관의 수호자가 되어야 함은 너무나 당연하다.

그러나 경영자가 자신의 개인적 이익을 우선으로 추구하거나 단기적 경영 실적에 매달리게 되면서 정직성을 버리게 되는 경우는 흔하다. 자리를 지키기 위한 목적이든 금전적 보상을 위한 목적이든 개인의 이해관계가 경영에 개입되는 순간, 조직이 추구하는 장기적 비전이나 가치관은 우선순위에서 밀린다. 인사도 자연스럽게 자신의 목적에 도움이 되는 방향으로 이루어진다. 대다수의 구성원들은 그런 인사를 동의할 수 없다. 하지만 인사권 행사의 대상이 되는 한, 다른 대안이 마땅치 않은 많은 구성원들은 그런 분위기를 좇아 행동할 수밖에 없다. 조직 전체의 문화가 바뀌는 것은 순식간이다.

경영자의 정직성 유지 가능 여부는 기업의 경영 목표와, 그에 따라 구성원들에게 요구하는 성과실현 방향과 밀접하게 연결되어 있다. 아무리 경영자가 정직성을 추구하는 양심을 지키려고 한들, 구성원들에게 제시되는 경영 목표가 그 양심에 정렬되지 않는다면 정직성에 대한 의지는 한순간에 허물어진다. 당장 눈에 보이는 실적을 강요하고 성과로 내세울 숫자를 만들어내야 하는 상황은 정직성을 지키려는 경영자 의지에 반하는 결과를 피할 수 없게 한다. 조직의 미래는 구성원 각자의 생존과 거리가 멀어지고, 소비자 권리 보호나 이익 창출은 남의 일이 된다. 연말 임기 보장을 위해 모든 것을 걸어야 하는 임원들이나, 마지막 승진 기회를 어떻게든 잡아야 하는 구성원들은 주어진 목표를 달성하기 위해 가능한 모든 수단을 동원하지만, 그 노력은 고객을 포함한 상대방의 가치 극대화로 이어지지 않는다. 상대방에게 손해가 되는 일이라도 당장의 실적을 위해 눈감아버린다. 이를 경험한 고객이 미래의 고객으로 이어지지 못하는 것은 당연하다. 오히려 정직성을 무시한 경영 활동은 그로부터 발생하는 부작용을 처리하는 데 더 큰 비용을 발생시킨다. 경영자의 정직성과 나란히 정렬된 장기적 경영 목표만이 조직의 비전을 만들어내며, 구성원들은 'integrity'가 진정한 조직의 가치로 소중히 지켜져야 한다는 믿음을 스스로 갖는다.

조직의 문화와 정신은 위로부터 만들어지기 때문이다. 훌륭한 조직 문화와 정신은 그런 가치관과 신념을 가진 훌륭한 최고 경영진이 있기에 가능하다. '君子之德風(군자지덕풍)[11]'이라는 말처럼 사람의 덕은 바람과 같아서 아랫사람은 다 그의 풍화를 받게 마련이다. 리더의 올바름은 바람과 같고 리더를 따르는 구성원들의 올바름은 풀과 같다. 바람이 불면 풀은 눕는다. 바람이 부는 방향대로 눕기 마련이다. 정도를 걷지 않는 리더는 그를 좇는 구성원들을 정직한 길로 이끌 수 없다. 구성원들은 리더의 행동에서 행동의 표본을 찾는다. 부정직한 리더의 행동은 정직한 조직 문화를 강요할 수 없다. 정직성이 경영자 선택의 가장 중요한 기준이 되어야 할 충분한 이유다.

---

11. ≪論語(논어)≫ 顔淵篇(안연편)

비극의
주인공이 돼라

민주주의를 뜻하는 영어 'democracy'는 그리스어 'demokratia'에서 파생된 단어다. 'demokratia'는 국민을 뜻하는 'demos'와 통치를 뜻하는 'kratein'로 이루어진 말로, 국민이 통치한다는 뜻이다. 민주주의란, 대중이 권력의 주인이 되어 스스로를 다스리는 정치 체제라고 할 수 있다. 이런 의미에서 대한민국 헌법 제1조 2항 '대한민국의 주권은 국민에게 있고, 모든 권력은 국민으로부터 나온다'는 대한민국이 'demokratia'인 민주주의 국가임을 천명한 것이다. 물론 그리스의 민주정은 시민으로 구성된 민회에서 정치적 의사결정이 이루어지는 직접 민주제라는 차원에서 현대 대의정치의 민주제와는 다르지만, 특정 개인이나 어느 소수 집단에 권력이 집중되지 않는다는 의미에서 그 근본정신은 다르지 않다.

고대 그리스의 직접 민주주의는 BC 5세기경 클레이스테네스가 독재적 참주정을 타도하고 오스트라시즘이라고 불리는 도편추방제를 도입하는 등, 시민들이 참여 정치의 기초를 마련하면서 탄생했다. 물론 노예나 여성의 참여가 제한된 불완전한 형태이기는 하지만, 평등한 참정권을 뜻하는 이소노미아[12]를 원칙으로 한 민주주의의 토대를 확립했다는 큰 의미가 있다. 클레이스테네스는 귀족들의 혈연적 특권을 약화시키고 모든 시민에게 평등한 권리를 보장한다는 원칙을 세웠다. 아테네 시민이라면 누구든 정치에 참여할 수 있는 권리를 부여했던 것이다.

당시 민주주의의 가장 중요한 핵심은 권력의 분산이다. 어느 소수의 집단이나 사람에 권력이 집중될 가능성을 철저히 배제했다. 클레이스테네스는 혈연으로 얽혀 있던 네 개의 부족(Phyle)을 전적으로 지역에 근거한 열 개의 부족으로 재편하고 데모스(Demos)라는 기초 행정기구를 통해 시민을 정치의 중심으로 끌어들였다. 많은 역사학자들은 대제국 페르시아와의 전쟁에서 그리스가 승리할 수 있었던 이유를 그리스 민주주의에서 찾는다. 그리스 시민들은 독재자나 귀족의 부하가 아닌, 민주주의 정치체제의 일원으로 더 큰 힘을 발휘했던 것이다.

---

12. 평등을 뜻하는 '이소(iso)'와 법을 뜻하는 '노모스(nomos)'가 결합되어 평등한 권리를 의미함

테르모필레 전투를 배경으로 한 영화 〈300〉에서 "짐은 관대하다"라는 대사로 유명세를 탄 페르시아의 절대 군주 크세르크세스는 100만 군사를 이끌고 그리스를 쳐들어간다. 죽음을 각오하고 페르시아에 맞서 싸움에 나선 스파르타의 군사는 고작 300명. 스파르타의 왕 레오니다스를 포함해 싸움에 나선 전사 모두가 끝내 죽음을 맞이하지만, 이 전투는 그리스가 페르시아를 물리치는 힘의 원동력이 되었다. 페르시아의 병력은 왕의 명령에 복종해야만 목숨을 부지할 수 있었던 노예들이었던 반면, 그리스 전사들은 자유를 지키기 위해 기꺼이 목숨을 바칠 각오가 되어 있는 자유 시민들이었다.

크세르크세스의 절대 권력과 관련한 유명한 일화 하나를 소개한다. 크세르크세스는 아버지 다리우스 대제가 이루지 못한 그리스 정복을 위해 3년을 준비한다. 드디어 그리스 원정길에 오른 크세르크세스는 정복지 리디아를 지나던 중, 리디아의 부호 피티오스를 만난다. 피티오스는 전 재산을 바쳐 전쟁 비용을 대겠다고 약속하며 다섯 명의 아들 중 장남 하나만을 종군에서 면제하고 자기를 부양할 수 있도록 해달라는 요청을 했다. 이에 크세르크세스는 왕인 자신이 목숨을 걸고 전쟁을 나서는데 감히 신하 주제에 사사로이 아들 걱정을 하는 것이냐며 크게 노해 그 아들의 몸을 둘로 갈라 그 사이로 군대를 행진하도록 했다. 페르시아 왕의 독재 권력이 하늘을 찔렀음은 분명하다. 그 절대 권력 아래 시민들은 아무런 힘없는 노예와 다름이 없었다. 페르시아 전쟁을 '노예제에 대한 민주주의의 승리'라고 부르는 이유가 여기에 있다.

그리스의 독특한 전투 대형인 밀집 방진 대형에서도 민주주의적 사고의 근간을 들여다볼 수 있다. 그리스 아테네가 마라톤에서 페르시아를 물리칠 수 있었던 것도 바로 이 방진 대형 전법 때문이었다. 호메로스의 《일리아스》에 등장하는 전투 장면들은 대부분 아킬레스와 같은 영웅들의 개인전이다. 일반 병사들이 함께 싸우는 단체전이 아니라, 귀족 전사들이 개인적인 역량으로 싸워 승패를 가른다. 반면, 방진은 대형을 이룬 병사들의 협동이 필수다. 누구든 대열을 이탈하는 순간, 방진 전체가 순식간에 무너진다. 왕도, 귀족도, 평민도 방진 안에서 다 같은 병사들일 뿐이다. 모두가 자유의 기치 아래 한 몸이 되어 뭉쳐 싸운 것이다. 전법의 형태로 나타난 민주주의라 할 수 있다. 이렇듯 그리스의 민주주의는 정치·사회뿐 아니라 전쟁 등 삶의 여러 다양한 부분에서 그 모습을 드러낸다.

그런데 이런 그리스의 민주주의가 비극과 함께 성장했다는 사실은 매우 흥미롭다. 기원전 5~6세기경 그리스 아테네에서는 매년 3월 디오니소스 축제가 열렸고, 많은 사람들이 아크로폴리스 아래에 위치한 디오니소스 극장에 모여 춤과 퍼레이드를 즐겼다. 디오니소스 신을 향한 찬가가 연극의 형태로 발전해 축제의 한 부분으로 자리 잡게 되었고, 점차 비극 경연의 장으로 발전해나갔다고 한다. 우리가 아는 그리스 비극 3대 작가인 아이스킬로스, 소포클레스, 에우리피데스는 모두 디오니소스 축제의 비극 경연에서 우승을 다투는 비극 작가들이었다.

비극의 핵심은 인간의 불완전성이다. 아무리 위대하고 훌륭한 인물이라 하더라도 결점이 있고 실수를 범하게 된다. 뛰어난 통찰력과 예지력을 갖춘 위인들도 파국에 이르는 중대한 실수를 범할 수 있다. 비극은 완벽할 수 없는 존재로서 인간을 묘사한다.

《오이디푸스 왕》에서 소포클레스가 묘사한 오이디푸스는 불완전한 인간의 전형이다. 오이디푸스는 아버지를 죽이고 어머니와 결혼할 것이라는 가혹한 신탁의 예언을 피하기 위해 고향인 코린토스를 떠난다. 떠돌이 생활을 하던 오이디푸스는 테베로 가는 좁은 길목에서 테베 왕 라이오스와 마주친다. 길을 비키라는 명을 거부하는 오이디푸스의 말을 라이오스가 죽이자, 오이디푸스는 분노를 참지 못하고 라이오스와 수행원들을 몰살시킨다. 이후 기지를 발휘해 스핑크스의 수수께끼를 풀고 테베의 영웅이 된 오이디푸스는 미망인인 왕비 이오카스테를 아내로 맞이하고 왕위에 오른다. 그러나 자신의 손에 살해된 라이오스가 테베의 왕으로 신탁의 저주를 피하기 위해 자신을 버린 친부라는 사실과 부인으로 맞이한 이오카스테가 어머니였음을 알고는 견딜 수 없는 괴로움에 몸부림치며 자신의 두 눈을 뽑아버린다. 더 이상 세상을 마주할 수 없었던 것이다. 소포클레스는 그의 작품을 통해서 혼자의 힘만으로는 극복할 수 없는 수많은 문제에 부딪힐 수밖에 없는 인간의 자기 모순성과 불완전성을 일깨운다.

비극은 이렇듯 불완전한 인간이기에, 특정 개인이나 소수에 집중된 독재적 권력은 그 권력을 행사하는 권력자의 본질적 결함에 의해 결국 파국에 이를 수밖에 없다는 사실을 가르친다. 비극을 보는 관객들은 특정인에 권력이 집중되면서 발생하는 파국을 막기 위해서는 집단 지성이 작동하는 참여 민주주의가 대안으로 필요하다는 사실을 자연스럽게 깨닫게 된다.

자기 결정과 행동의 결과에 대한 책임 또한 비극이 가르치고자 하는 주제 중 하나다. 친부를 살해하고 어머니를 아내로 삼는 패륜을 저지른 오이디푸스는 모든 사실을 알게 되었을 때, 자신의 두 눈을 찌르고 스스로 세상의 빛을 잃었다. 씻을 수 없는 실수를 저지른 인간으로서의 결함과 불완전성을 인정하고 눈을 멀게 함으로써 자신이 저지른 행동에 대한 궁극적 책임을 진 것이다. 자신의 행동에는 책임이 따른다는 교훈을 배울 수 있는 대목이다.

비극이 공연된 디오니소스 극장은 민주주의 교육의 장이 되었다. 아크로폴리스 남쪽에 위치한 디오니소스 극장의 객석은 3단에 50열이 넘는 대규모로 건설되어 수용인원은 1만 8,000명이 넘는 것으로 추정된다. BC 5세기경 아테네 인구가 3~4만 명으로 추산되므로 거의 모든 시민에게 비극을 감상할 기회가 주어졌던 것이다. 비극은 형식적인 면에서도, 토론이라는 민주주의적 요소가 존재했다. 비극 공연은 단지 재미를 위한 것이 아니라 시민 정신 고취의 현장이었다. 실제로 가난한 시민과 노예에게는 비극 관람을 위한 지원금까지 지급되었다고 한다. 비극 등장인물 사이의 언쟁은 논리적 토론을 바탕으로 한 문답으로 구성된다. 토론의 합리성은 경연 평가의 중요한 기준이 되었다. 관객들은 결론 도출 과정에서 이루어지는 토론의 논리적 합리성과 창조성을 판단하며 민주주의적 시민정신을 배운다.

비극 교육은 21세기 기업 경영에도 절실하다. 한두 사람의 직관이나 그들에 집중된 의사결정이 기업의 비극을 초래할 수 있다. 아무리 많은 경험과 지식, 높은 판단력도 모든 문제를 해결해내지 못한다. 오히려 그들의 개인적인 경험과 지식이 문제의 해결을 그르치는 경우가 허다하다. 당면한 문제의 환경과 조건에 과거의 경험이나 지식이 그대로 적용되어서는 안 되는 상황은 언제든 발생한다. 과거 개인 경험에 바탕된 편협한 판단은 경영을 악화시킬 수 있다. 자기 판단만이 옳다는 아집은 다른 사람들의 의견이나 입장을 고려하지 않고 자기 중심의 좁은 생각에 집착해 올바른 해결책을 제시할 수 없게 한다. 다양한 비판과 주장의 수용이 독단적 판단의 비민주적 오류의 가능성을 줄인다.

더욱 중요한 것은 경영자의 책임이다. 권한은 마음대로 행사하면서 책임은 부하직원들 몫으로 돌리는 불편한 현실은 너무도 많다. 책임지지 않는 의사결정이나 행동은 구성원들의 불만을 초래할 뿐이다. 책임이 따르지 않는 지시는 직원들의 자발적 참여를 수반할 수 없기 때문이다. 책임을 떠넘기는 리더는 최악이다. 그런 리더의 권한은 결국 누구에게도 인정받지 못한다.

때때로 비극 공연을 참관하거나 직접 공연할 기회를 갖는 것도 훌륭한 경영 수업이 될 수 있다. 인간으로서 가질 수밖에 없는 어쩔 수 없는 불완전함을 인정하고 가능한 한 많은 사람들의 다양한 의견과 주장이 반영될 수 있는 민주주의 경영이야말로 기업의 미래를 보장할 수 있다. 이미 결론이 내려져 강제로 끌려가듯 참석하는 형식적인 워크숍이나 회의 대신 직원들이 직접 참여하는 비극 경연대회를 여는 것은 어떨까? 기업 내 민주주의가 꽃필 때, 기업의 성장과 발전도 꽃을 피울 수 있다.

因緣生起,
쓸모없는 인연은 없다

인연생기(因緣生起)는 불교의 핵심 교리 중 하나로, 고타마 붓다 (석가모니)가 보리수 아래서 얻었던 깨달음의 본질이다. 이는 연기(緣起)의 진리였다. 인연생기란 범어 'pratitya-samutpada'의 번역으로, 우주의 모든 존재를 인연에서 일어나는 것으로 본다. 어떤 결과를 하나의 원인으로 파악하는 일원적 세계관이나 운명론이 아니라, 모든 결과에는 일정한 원인과 조건이 존재하며 그 관계 속에서 발생한다는 뜻이다. 즉, 직접적인 원인인 인(因)과 간접적인 연(緣)의 조건 아래 모든 현상이 이루어진다는 것이다.

나무는 여러 원인과 조건이 어우러져야만 열매가 열린다. 나무가 되기 위해서는 씨앗이 싹트고 자라야 한다. 다 자란 나무도 충분한 물과 태양 빛이 공급되지 않으면 열매를 맺을 수 없다. 모든 원인과 조건들이 어우러지면서 사물의 존재가 형성된다. 만일 이런 원인과 조건들의 관계가 달라진다면, 현재 존재하는 형상은 현재 모습 그대로를 기대할 수 없게 된다. 모든 존재는 어떤 인연이 어떻게 작용하느냐에 따라 변화하며, 따라서 고유한 존재의 본질은 있을 수 없다. 즉 모든 존재는 연기로 이루어져 있으며, 이것은 어떠한 존재도 타자와의 관계를 떠나서는 존재하지 못한다는 것을 의미한다. 그러므로 모든 존재는 자성(自性)이 결여된 존재다. 따라서 진리 그 자체로서 존재하는 모든 존재는 서로 끝없이 연관되어 있으며, 상즉상입(相卽相入)해 두루 걸림이 없다는 것이다.[13] 불교의 우주관이자 인간관이다.

조직 내에서의 인간관계는 그야말로 인연생기의 법칙이 작용하는 상호의존적인 관계다. 상호작용을 하는 구성원 간의 관계에서 독립적인 존재성을 찾기는 어렵다. 한 사람의 행동은 상대방의 영향에서 벗어나기 힘들다. 아무리 정직한 가치관과 신념을 지키려고 노력한들, 혼자만의 힘으로는 불가능하다. 상호관계가 작용하기 때문이다.

더구나 상대방 영향의 원인이 무명(無明)에 있다면, 그 관계는 방향성을 잃게 될 가능성이 크다. 무명이란 그릇된 의견(意見)이나 고

---

13. 브리태니커 '십이지 연기(十二支 緣起)'

집(固執) 때문에 모든 법의 진리(眞理)에 어두운 상황을 의미한다. 자기 생각이 항상 옳다는 착각은 상대방의 행동을 억압하거나 엉뚱한 방향으로 이끈다. 그들의 관계가 불편해지고 나빠지는 것은 당연하다. 불교의 근본 교의인 4성제[14]에서 고(苦)·집(集)의 관계로, 괴로움의 결과를 발생시키는 유전연기(流轉緣起)로 이어진다.

무명(無明)의 어리석음을 명(明)의 지혜로 전환시켜 괴로움을 벗어나게 하는 인과관계, 즉 환멸연기(還滅緣起)의 관계로 만들기 위해서는 애(愛)와 욕(慾)을 버려야 한다고 가르친다. 애착과 욕심이 발전적 인간관계 형성을 방해한다. 공평하고 균형 잡힌 사고는 건강한 관계를 형성하고 구성원들 간에 긍정의 영향을 선순환시킨다.

요즘 우리나라 젊은이들의 최대 고민은 취직이다. 대학 진학률은 70%에 이른다. 그것도 모자라 1~2년씩 휴학을 해가며 스펙 쌓기에 여념이 없다. 필요 이상의 자격을 갖춘 최고급 인력들이 수백 대 일의 경쟁을 뚫고 회사에 들어온다. 같은 회사에서 함께 일할 기회는 그렇게 어렵게 찾아온다. 더구나 같은 부서에 배치되어 얼굴을 맞대고 하루 시간의 대부분을 같이한다는 것은 우연치고는 너무나 신기한 인연이 아닐 수 없다. 그 신비로운 첫 만남은 몇십 년 동

---

14. 사성제(四聖諦), 사제설(四諦設) : 올바른 지혜에 의해서 진리를 깨닫고 모든 욕망을 없애버리는 것(滅諦)이야말로 우리들의 이상인 열반에 이르는 올바른 길이다.

안 이어지기도 한다.

모든 현상이 무수한 원인과 조건이 상호관계해 성립하며 인연이 없으면 결과도 없다는 연기(緣起)의 진리를 생각한다면 조직 구성원들과의 인연은 그 만남부터 소중하지 않을 수 없다. 그 수많은 사람 중에 같은 목표와 비전을 향해 노력하며 협력하는 관계를 맺게 될 확률은 모래밭에서 바늘 찾기만큼 낮다. 그러나 그 만남의 소중함을 깨닫지 못하고 인연의 보배로움을 알아차리지 못하는 경우가 적지 않다. 오로지 상하관계로만 정의하고, 제 생각만을 주입하려 든다. 그 관계의 조건은 일방적인 방향이다. 상호작용의 선순환은 기대하기 어렵다.

신입사원의 패기와 용기는 금세 사라진다. 다른 생각과 의견을 맞서 개진하는 용기는 세상 물정 모르고 객쩍게 부리는 혈기가 되어버린다. 주어진 조건에 순응해서 그럭저럭 살아가는 일상이 편안해진다. 풍성한 열매를 맺게 하는 넉넉한 물과 따사로운 햇볕의 조건은 없다. 만남의 원인(因)은 있으나, 그 만남이 새로운 가치를 만들어나가는 조건(緣)은 없다. 리더는 소중한 만남의 인연을 발전시켜나갈 책임이 있다. 새로운 만남의 기회는 거저 주어지는 것이 아니다. 얼마나 어려운 만남인지를 지각하고, 그 귀중한 만남이 다른 차원의 관계로 발전해나갈 수 있는 상호작용의 조건을 만들어가는 것이 리더의 역할이다. 인연생기의 진리를 이해해야 하는 이유다.

필자가 50년 이상을 간직해온 추억 상자가 하나 있다. 초등학교 시절 일기장과 상장, 학교 성적표, 오래된 교과서 몇 권 등 가끔 열어보면 열 살 소년의 나를 마주치게 되는 타임머신과도 같다. 이사 갈 때마다 이제는 그만 버리라는 아내의 잔소리를 견디며 굳세게 지켜온 나만의 보물 상자이자, 추억 상자다. 그 상자 안에는 1970년대 초 어린이들에게 꽤나 큰 인기를 끌었던 연재만화 주인공 그림도 있다.

그 그림은 초등학교 시절, 친구들과 한 신문사 행사에 놀러 갔다가 우연히 만난 이원복 화백으로부터 받은 것이다. 대학 총장을 역임하고 지금은 석좌교수로 계신 이원복 교수는 교과서 다음으로 많이 읽힌다는 학습만화의 베스트셀러 《먼나라 이웃나라》의 저자로, 당시에는 어린이 연재만화로 큰 인기를 끌고 있던 대학생 만화가였다. 〈시관이와 병호의 모험〉은 그가 어린이 잡지에 연재하고 있던 인기 만화로, 주인공 이름이 필자 이름과 같아 더 큰 애착을 갖고 즐겨 읽었다. '병호'를 그린 작가와의 만남은 어린 '병호'에게는 예상하지 못한 큰 기쁨이었고, 자기 이름이 만화 주인공과 같으니 '병호' 그림 한 장 그려달라며 철없이 졸라댔던 기억이 난다. 이 교수는 귀찮았을 텐데도 어린아이의 요구를 흔쾌히 받아주었다.

몇 년 전, 이 화백이 총장으로 계시는 대학의 특강을 맡게 된 필자는 강의 전 총장 면담 시간이 있다는 이야기를 듣고 오랫동안 간

직해온 그의 그림을 생각해냈다. 강의 당일, 그 그림을 상자에서 꺼내 들고 설레는 마음으로 총장실을 방문했다. 수십 년 만의 만화 주인공 '병호'의 외출이다. 반세기 전 만남을 전혀 기억하지 못하는 이 총장께 가져간 그림을 보여드리자 믿기 어려운 인연에 놀라움을 감추지 못했다. 그림 아래에 있는 본인의 자필 사인을 확인한 총장은 경이로운 기쁨의 웃음을 한동안 멈추지 못했다. 40여 년 전에 자신이 직접 그렸던 그림의 짙은 검정 잉크 선을 따라가며 풋풋했던 대학생 만화가의 모습을 떠올렸을 것이다. 이 그림은 대학생 청년 만화가와 어린 초등학생의 만남을 대학 총장과 한 금융인의 놀라운 해후로 이어준 신기한 인연의 고리다.

나는 이 상자를 연기함(緣起函)이라 부른다. 상자 안의 소소한 물건들이 내 삶의 편린들을 서로 연결 지어 지금의 나를 완성시킨다. 내가 마주치고 경험하는 모든 것들이 어느 것 하나 빠짐없이 연결되어 관계하는 인연생기(因緣生起)의 삶인 것이다. 가족, 사랑, 만남, 이 모든 것이 하나로 엮어진 실타래와 같아 항상 새롭고 신비롭다. 흩어져 이어질 것 같지 않은 매 순간을 더욱 소중히 여기며, 더 좋은 관계로 발전해 새로운 인연이 될 것이라는 기대에 설렌다.

애플의 창업자 스티브 잡스(Steve Jobs)가 2005년 스탠퍼드 대학교 졸업 연설에서 이야기한 'connecting the dots'도 인연생기의 뜻과 통한다. 현재의 의미 없는 점들이 미래에 어떻게든 선으로 연결되어 상상하지 못했던 결과로 이어진다고 했다. 쓸모없는 우연은 없다는 것이다. 각자의 노력이 새로운 만남을 통해 다른 모습으로 이어진다. 흩어져 있던 점들을 어떻게 이을 것인가에 따라 이어진 모습은 완전히 달라질 수 있다. 완성된 모습을 결정지을 조건은 구성원들 간의 관계에서 만들어진다. 리더는 이어진 선들이 훌륭한 도형으로 그려질 수 있는 토양과 환경을 제공해야 한다.

어떻게 이어질지 모르던 과거의 노력과 경험이 상상하지도 못한 새로운 인연을 통해 이어지는 기적을 보게 되는 것은 큰 행운이다. 그러나 그 행운은 마냥 기다린다고 오는 요행이 아니다. 수많은 점을 제대로 연결하기 위해서는, 그 점들을 찍기 위해 과거에 쏟았던 노력보다 더 큰 노력이 필요하다. 한 사람이 아닌 다른 여러 사람과의 점을 이어가는 일이라면 더더욱 그러하다.

분리되어 있던 점들이 아무렇게나 이어지도록 놔두어서는 안 된다. 보기 싫은 모습으로 이어지거나, 아예 이어지지 않을 수도 있는 위험을 감수해야 한다. 서로 다른 배경에서 만들어진 노력의 점들이 나와 같은 공간 속에 놓인 인연의 귀중함을 감사하며 아름다운 그림을 그려나가야 한다. 만남이 얼마나 어렵게 이루어지는지 깨닫는다면, 구성원들 한 명, 한 명과의 소중한 인연과 값진 자산인 그들이 노력과 흔적을 헛되이 지워버리는 일은 없을 것이다.

*

구성원들은
소모품이 아니다

2020년 7월 발표된 한국경영자총협회의 실태 조사에 따르면, 우리나라 직장인들의 평균 여름휴가 기간이 작년 대비 겨우 0.1일 늘어난 3.8일에 불과하다. COVID-19 사태로 인한 재택근무 확산으로 사무실 출근 일수가 줄어든 것과는 상관없이, 삶의 여유나 질적인 개선 측면에서 변화를 찾아보기 힘들다. 그나마 중소기업 CEO들의 3분의 1은 휴가 계획이 없다는 다른 조사 결과도 있다.

유럽의 경우 연간 5주 정도의 휴가 중 3주 정도를 7, 8월 여름 휴가로 사용하고 있다고 하니 우리와 차이가 너무도 크다. 글로벌 여행 서비스 회사인 익스피디아가 몇 해 전, 전 세계 주요 28개국을 대상으로 조사한 유급 휴가 실태에 따르면, 한국은 조사 대상국 중 유일하게 연간 사용 휴가 일수 10일 미만으로 꼴찌다.

요즘 들어 주 52시간 근무제 시행 등 강화된 노동법 적용과 더불어, 젊은 직장인들을 중심으로 휴가 사용 일수가 점차 늘고 있긴 하지만, 아직도 대다수가 휴가 사용에 죄책감을 느낀다고 하니 편안히 쉴 수 있는 마음의 여유가 없다. 빡빡한 업무 일정, 대체 인력 부족, 회사로부터의 불이익 우려 등의 이유로 마음 놓고 휴가 가기가 어려운 것이 현실이다. 일정 일수 이상 연월차를 사용해야 하는 회사 정책상 어쩔 수 없이 휴가를 내고는 사무실 주변을 얼쩡거린다. 심지어 휴가를 가는 '척'할 수밖에 없는 분위기를 윗사람들이 조장하는 예도 많다. 그런데도 노동생산성은 35개 OECD 회원국 중 28위로 거의 바닥 수준이다. 연중 20일 이상 쉬는 룩셈부르크, 노르웨이 등은 물론 미국 생산성의 반도 되지 않는다.

영국 소설가 그레이엄 그린은 소설 《번아웃 케이스》에서 업무에 대한 과중한 스트레스와 압박으로 정신적 고통과 심리적 고갈을 견디지 못하고 아프리카 밀림으로 도피하는 건축가의 삶을 그렸다. 마치 업무에 찌들어 무기력해진 우리 직장인들의 모습을 보는 듯하다. 번아웃 신드롬(burnout syndrome)에 빠져 기력을 소진한 상태에서 더 많은 시간을 일한다 한들 생산성이 높아질 리 없다.

아내가 극심한 산고 끝에 기진해 결국 제왕절개로 아들 녀석을 낳던 날, 꿋꿋이 사무실을 지키고 있었던 자신을 스스로 대견스러워하고, 수년간 휴가를 하루밖에 안 썼다고 무용담처럼 얘기하며 직장인의 롤모델로 인정받길 은근히 바랐었던 과거를 생각하면 어리석기 그지없다. 성과는 충분한 휴식과 함께 온다. 일과 자신의 삶을 분리하려는 노력이 필요하다. 수명이 다 된 배터리는 충전해도 금세 방전되기 마련이다.

번아웃 증상의 발현은 근무의 형태나 환경 변화와도 밀접한 연관이 있다. 그렇지 않아도 생활 대부분을 직장에서 보내야 하는 현실에서, 소통 기술의 급속한 발전으로 근로 공간의 물리적 한계가 없어지면서 장소와 관계없이 더 많은 시간이 일과 연결되는 상황으로 이어진다. 퇴근 후에도 업무의 부담을 내려놓을 수가 없다. 늦은 밤에도 핸드폰은 새 메시지 알림으로 쉴 새 없이 울려댄다.

다양하고 편리한 소통 채널의 확대와 같이, 국경없는 글로벌 시대의 경쟁력 확보를 위해 필수적인 근무 환경의 변화는 또 다른 성과 스트레스로 이어질 가능성이 크다. 특히 변화의 깊이나 속도가 구성원들의 정신적 행복을 고려하지 않는 업무 환경과 결부될 때는 구성원들의 정신적·육체적 건강을 훼손하는 번아웃 상황을 초래하고 조직 전체의 생산성에 매우 부정적인 영향을 끼치게 된다. 세계보건기구(WHO)는 번아웃 증상으로 인한 구성원들의 정신적 우울함과 불안감이 매년 무려 1조 달러에 달하는 사회적 비용을 유발한다고 주장한다.

2019년 WHO는 번아웃 증후군을 제11차 국제 질병 표준분류기준(ICD-11)에 포함했다. 질병(medical condition)이 아닌 직업 관련 증상이라는 단서를 달기는 했지만, 만성 스트레스에 시달리고 있는 직장인들의 심각한 무기력감과 피로감에 경종을 울린 것이다. 이전에도 WHO에서 번아웃 관련 내용이 거론되기는 했으나 주로 고용이나 실업 문제의 범주에서 논의되었던 반면, ICD-11에서는 번아웃 증상을 '적절히 관리되지 못한 만성적인 직장 업무 스트레스 증후군'으로 명확히 개념화하고 건강 의료 서비스의 도움을 받아야 하는 원인으로 정의하고 있다. 이제 번아웃 현상이 개인적인 차원을 벗어나 사회 전체적인 관심과 관리가 필요한 중요한 이슈가 되었음을 방증하는 것이다.

WHO는 번아웃의 세 가지 특징으로 첫째, 에너지 고갈과 탈진, 둘째, 업무에 대한 정신적 괴리감 증대와 부정적·냉소적 감정의 상승, 셋째, 전문적 효율성 감소를 제시했다. 번아웃 증후군을 겪고 있는 많은 직장인의 업무의 효율성이 크게 떨어지고 삶의 질이 급격히 하락하는 것은 당연한 결과다.

문제는 번아웃 증후군이 25~44세의 가장 활기찬 젊은 세대에서 발생하고 있다는 사실이다. 조직 활력의 핵심 근간이 되어야 할 그룹의 이런 현상이 조직과 사회 역량에 미치는 부정적 영향은 너무나 크다. 번아웃 증후군의 확산과 심화를 막기 위한 적절한 대응

전략이 마련되어야 한다. 이를 위해서는 구성원들이 직면할 수 있는 번아웃 현상의 단계별 특성을 제대로 이해할 필요가 있다. 번아웃 증후군은 사람에 따라 그 증상이 다르게 나타날 수 있으나, 보편적으로 발현 과정상 특징을 5단계로 나누어 살펴볼 수 있다.

우선 첫 번째 단계는 허니문 단계(honeymoon phase)다. 이 단계는 처음 업무를 맡거나 새로운 과제가 주어지는 시기로, 충만한 에너지와 창의성, 업무에 대한 강한 집념이 표출되는 긍정의 단계다. 자신의 능력을 증명해 보이려는 충동과 책임감이 매우 높은 상태로 무엇이든 해낼 수 있다는 자신감과 낙관적 심리가 작용한다. 업무 효율성이 매우 높은 것은 당연하다. 그러나 이 단계는 업무와 관련해 예측된 스트레스를 경험하기 시작하는 단계이기도 하다. 허니문 단계가 지속되기 위해서는 이상에 치우치지 않는 현실적 기대 수준 관리와 정신건강 유지에 우선순위를 둔 긍정적 대응 전략의 설계와 실천이 필요하다. 리더는 업무 부여 단계에서부터 현실성 있는 목표 설정과 구성원들의 한계 범위를 벗어나지 않는 책임과 헌신의 절대적 수준 관리를 해야 한다.

두 번째 단계는 스트레스의 시작(onset of stress) 단계다. 다른 날들보다 유달리 힘들다는 생각이 드는 날들이 생기기 시작하고, 긍정적인 마음은 시들어지고, 육체적·정신적 불편함을 느끼게 된다. 잠도 부족해져 사회적 교류가 귀찮아지기도 하고, 가끔 머리도 아프고 가슴이 두근거림을 느낀다. 짜증도 쉽게 내고 일에 집중하기가 점점 어려워지는 현상이 나타난다. 업무에 대한 만족도가 떨어지는 것은 당연한 결과다.

세 번째 단계는 만성적 스트레스(chronic stress) 단계다. 스트레스 수준이 두드러지게 달라진다. 아침에 일어나기가 힘들 정도가 되며 업무 기한도 놓치기에 십상이다. 자주 아프고 일에 관한 관심도 떨어진다. 사소한 일에도 쉽게 화내고 사회적 활동과는 거리가 멀어진다. 때로는 압박감에 현실 도피를 위한 도구로 술과 약에 의존하는 날이 많아진다. 업무에 대한 책임은 회피의 대상이다.

네 번째 단계는 심각한 번아웃(burnout) 상황이다. 이 단계에서는 정상적인 생활이 더는 어렵다. 항상 공허한 마음으로 자신감이 상실되고, 일과 삶에 대한 부정적인 생각이 온 정신을 지배해 정상적인 생활이 어렵다. 사소한 문제에도 강박감을 느껴 직장이나 모든 사회적 관계에서 벗어나고 싶은 마음뿐이다. 몸과 마음이 지쳐 더는 어떤 일에도 의지와 욕구를 갖지 못하게 된다. 이 단계에서는 치유를 위한 제삼자의 적극적 개입과 도움이 필요하다.

마지막 단계인 습관성 번아웃(habitual burnout)은 네 번째 번아웃 단계의 고착화 단계다. 번아웃 증후군의 단계로 심각한 정신적·육체적 문제가 발생한다. 항상 우울함과 무기력함에 시달리며 사회적 활동이 어려워지는 만성적 번아웃 상태를 의미한다.

영국의 한 조사에 따르면, 젊은 직장인의 60% 이상이 네 번째 단계 이상의 번아웃 상황을 겪고 있다고 한다. 우리나라의 경우, 영국보다 훨씬 높은 직장인의 75%가 출근 후 무기력함과 우울함을 느낀다고 하니 심각한 상황이 아닐 수 없다. 아마도 거의 모든 직장인이 번아웃의 5단계 중 적어도 서너 번째 단계의 번아웃 증상을 느끼고 있을 것으로 생각된다. 다행스럽게도 조직 구성원들의 정신적 행복이 그들의 건강과 삶의 질, 직업적 성취감뿐만 아니라 조직의 성공을 결정하는 핵심이라는 인식이 점점 커지고 있다. 여러 국제단체에서도 번아웃 현상을 사회적 이슈로 보고 개선하려는 다양한 노력이 이루어지고 있다.

다보스포럼(World Economic Forum)은 재계·학계 전문가들이 모여 정신적으로 건강한 조직을 만들기 위한 가이드를 제정하기도 했으며, 영국의 'Time to Change'라는 사회 운동은 직장 내 구성원들의 번아웃 증후군 방지를 위한 고용인들의 태도 변화를 끌어내고 있기도 하다. 세계보건기구(WHO)나 국제노동기구(International Labor Organization)도 직장 환경과 조건이 종업원들의 정신건강을 위해 재정립될 수 있도록 국제적으로 모든 조직에서 공유될 가이드라인을 제시하려는 노력을 기울이고 있다.

그러나 번아웃 증후군 방지를 위한 가장 중요한 긍정 변화의 첫 걸음은 '구성원들은 소모품이 아니다'라는 경영자와 리더들의 인식 변화다. 경영자와 구성원들 모두가 오랫동안 함께 가야 할 동반자라는 신념만이 변화를 일으킬 수 있다. 구성원들의 스트레스를 발생시키는 자유로운 소통의 부재, 참여가 결여된 일방적 의사결정 프로세스, 팀 내 결속력 부족과 같은 조직의 문제들을 해결하려는 노력이 필요하다. 구성원들의 건강이 결국 조직의 건강과 발전을 담보한다는 인식이 필수적이며 그들의 정신건강을 보호해야 할 책임은 리더의 몫이다.

'허니문 단계'의 마음 상태가 유지될 수 있도록 기다려주어야 한다. 새로운 책임을 맡게 되었을 때의 열정과 의지가 스스로 작동할 수 있도록 여유를 줘야 한다. 조급한 마음으로 다그치면 동기부여의 자극이 아니라 스트레스가 된다. 긴 호흡으로 중간중간 방향을 잡아주는 키잡이 역할이면 충분하다. 부하직원들이 눈앞에 있어야 마음이 놓인다면, 자신감이 결여된 겁쟁이 리더일 뿐이다. 리더 자신이 항상 불안하고 초조해서 쉬지 못하는데, 어떻게 같은 팀 구성원들이 쉴 수 있겠는가? 구성원들의 긍정의 힘과 능력을 믿고 맡겨줄 때, 허니문 기간은 지속될 수 있다.

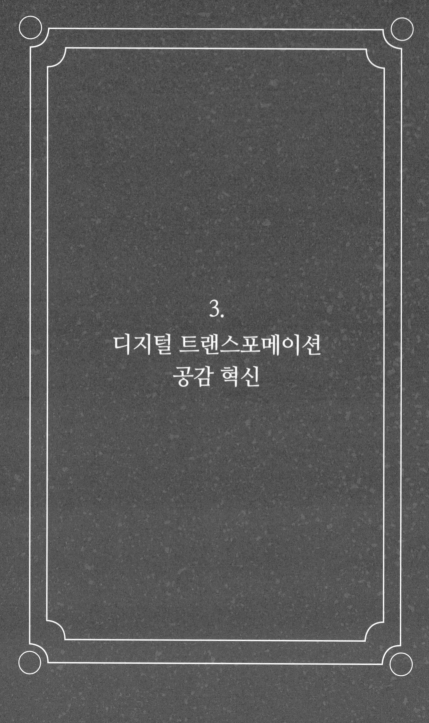

3.
디지털 트랜스포메이션
공감 혁신

귀납적 사고로
상상력을 키워라

일본 교토 대학교의 마츠자와 데츠로 교수는 1978년부터 '무엇이 우리를 인간으로 만드는가'라는 주제로 침팬지의 행동 연구를 진행해 '인지적 트레이드오프 가설(Cognitive Tradeoff Hypothesis)'을 정립했다. 이 가설은 인간은 단기 기억 능력을 잃어버리는 대신 언어 능력을 갖게 되었다고 주장한다.

침팬지는 꾸준한 학습을 통해 숫자나 글자의 형태를 분별해낼 수 있는 지적 능력이 있을 뿐 아니라, 포토그래픽 메모리(photographic memory)라고 일컬어지는 순간 사진 기억 능력을 갖추고 있음을 밝혀냈다. 0.5초도 안 되는 시간에 노출된 열 개가 넘는 숫자의 위치를 숫자 순서대로 기억해낸다. 숫자 배열을 정확히 맞춘 침팬지는 보상으로 맛있는 간식을 먹게 된다. 같은 조건의 실험에서 사람들은 숫자의 반도 기억해내지 못했다. 이렇듯 침팬지와 인간의 순간 기억력은 견주기조차 어려운 차이를 보인다. 마츠자와 교수는 인간과 침팬지의 단기 기억 능력이 이렇게 큰 차이를 보이는 이유를 '인지적 트레이드오프 가설'로 설명한다.

침팬지의 단기 기억력은 생존을 위한 본능적 능력이다. 포식자들을 피하려고 나무 위로 올라간 침팬지들은 적들을 피하고 먹이를 찾기 위해 단기 기억력에 의존한다. 한눈에 상황을 파악하고 빠른 결정을 해야 하기 때문이다. 반면 두 다리로 걷기 시작한 인간은 땅으로 내려와 맹수로부터 자신들을 보호하고 혹독한 자연환경에 맞서 이겨내기 위해 집단생활과 역할 분담이 필요하게 되었다. 이러한 집단생활이 효율적으로 유지되기 위해서는 구성원들 간 소통이 필수적이었고 언어의 발달은 원활한 소통의 절대적 수단이 되었다.

해부학적 관점에서 뇌 구조는 새로운 기능을 발달시키기 위해서는 다른 뇌 기능을 버려야 한다. 인간의 말할 수 있는 능력이 발전하면 할수록 그 반대급부로 단기 기억 능력을 잃게 된다는 것이다. 이것이 가설의 결론이다. 단기 기억 능력의 상실로 언어 능력을 얻는 것은 나쁘지 않은 트레이드오프였다.

언어 구사 능력은 현시점뿐 아니라 과거에 관한 상황과 미래에 대한 예측까지를 아울러 표현하는 인지 능력이다. 인간이 다른 동물들과 달리 상상력을 갖게 된 것은 바로 언어 때문이다. 언어를 통한 인지 능력으로부터 파생된 상상력이야말로 우리를 인간으로 만드는 가장 중요한 요소가 아닐 수 없다. 상상력은 미래에 대한 전략과 계획을 가능하게 한다. 인류의 발전은 끊임없는 상상력의 발휘로 이루어낸 결과다. 인간은 현재를 사는 것이 아니라 미래를 살아가는 것이다.

청소년들의 상상력은 국가의 미래 경쟁력이다. 학교 교육은 사교육에 밀려난 지 오래다. 입시 제도 또한 하루가 멀다고 바뀌다 보니 뭐가 뭔지 알 수가 없다. 입시 전략을 짜기 위해 수백만 원씩 내고서라도 컨설팅을 받아야 불안한 마음을 그나마 덜 수 있다. 입시 전형의 조합이 수천 가지나 된다고 하니 전문가 도움 없이 입시를 준비하는 것은 불가능해졌다.

이렇듯 우리나라의 교육 방향은 연역적 사고를 요구하는 경향이 매우 크다. 연역적 사고(deductive reasoning)는 일반적 원리를 대전제로 논리적인 결과를 도출하는 방식이다. 공식을 외우고 그 공식을 대입해서 답을 찾아내는 입시용 수학 공부가 대표적인 예이다. 수학 시험을 잘 보려면 공식을 달달 외워야 하고 전 단계를 이해하지 못하면 다음 단계로 나갈 수 없다 보니, 이른바 '수포자(수학을 포기한 자)'를 양산하게 된다.

시험을 중시하는 교육 방법은 대단히 연역적이라 할 수 있다. 연역적 추론의 결과는 항상 추론의 출발점인 일반적 원리나 전제의 한 부분이 될 뿐이다. 상대적인 개념은 귀납적 사고(inductive reasoning) 다. 개별적 사실들로부터 일반적인 원리를 이끌어내는 사고의 방식으로 경험과 사례를 통한 결론 도출 방법이라고 할 수 있다.

미국 캘리포니아 소재 버클리 대학교(UC Berkeley)의 '수타르자 기업가 정신 및 기술센터(Sutardja Center for Entrepreneurship & Technology)'에서는 BMoE(Berkeley Method of Entrepreneurship)라는 새로운 교육 방법을 도입해 학생들에게 창의적 기업가 정신을 교육하고 있다. 이 센터는 게임에 기반한 귀납적 교육 방법으로 기업가적 사고방식을 강화하는 프로그램을 운영하고 있다. 학생이 교사에 종속되는 선형적 교육이 아니라, 사람 중심의 교육이 상상력과 창의성을 고취할 수 있다는 신념을 바탕으로 하고 있다. 기존 시험 중심의 연역적 교육 방식으로는 창의성을 계발할 수 없다는 것이다.

사고나 추론의 방식에 좋고 나쁨, 옳고 그름은 없다. 직관적 판단이나 결정 능력은 연역적 사고에서 나온다는 주장도 있다. 그러나 창의적 사고 능력의 향상을 위한 균형 잡힌 교육과 훈련은 필요하다. 4차 산업혁명이라는 큰 변화의 흐름 속에서 우리나라가 미래의 경쟁력을 키워나가기 위한 매우 중요한 과제가 아닐 수 없다. 미래는 정해진 공식이나 답이 없다. 다양한 조건 변화와 상황 전개는 정해진 전제로부터 도출된 결론으로는 헤쳐나갈 수 없다. 예상할 수 없는 환경 변화에 슬기롭게 대응할 수 있는 문제 해결 능력이 필요하다. 비판과 창의, 상상이 어우러진 새로운 차원의 접근이 요구되는 것이다.

인간을 인간답게 만들기 위해 기억 능력을 희생하면서까지 얻어낸 언어 능력과 상상력은 귀중한 자산이다. 그렇기에 우리는 미래를 꿈꿀 수 있다. 이 자산을 지켜나가는 것은 우리의 몫이다.

＊

디지털 마인드로
무장하라

최근 산업의 디지털 전환 추세는 그 속도를 가늠하기 어려울 만큼 빠르게 진행되고 있다. 특히 최근 전 세계적인 COVID-19 확산으로 비접촉(untact) 시대가 도래하면서 전 산업의 디지털리제이션(digitalization)은 피할 수 없는 시대의 흐름이 되었고, 기업 생존의 필수 요건이 되어버렸다.

통계청의 발표에 따르면,[15] 우리나라 소매 판매 중 온라인이 차지하는 비중은 2017년 21.4%에서 2019년 28.6%로 대폭 증가했으며, 동기간 거래금액은 무려 43%가 증가한 135조 원을 넘어섰다. COVID-19 사태와 추석 특수 영향이 겹친 2020년 9월 한 달간 온

---

15. 통계청 '2019년 온라인 쇼핑동향'

라인 쇼핑 거래액은 15조 원에 육박해 역대 최대를 기록했다. 전년 동월 대비 30%가 넘는 증가다. 금융거래의 경우, 온라인 비중은 이미 90%를 넘어선 지 오래다. 은행 점포를 직접 찾는 활성 고객(주 1회 이상 거래) 비중은 2017년 30%에서 2023년에는 16%로 급격히 하락할 것으로 예상된다.[16] 기존 대면 채널의 효율적 활용과 온·오프라인 연계 전략의 혁신적 모색이 절실한 상황이 되었다.

디지털 전환 경제 시대의 도래는 기업 리더들의 미래를 대비한 혁신을 요구한다. 그러나 무늬만 디지털화는 새로운 패러다임에 대응할 수 있는 혁신이 아니다. '디지털 립스틱'을 바른다고 디지털화가 이루어지는 것이 아니다. 프로세스를 전산화하고 정보를 데이터화하는 것은 업무의 효율을 높이고 비용을 절감하는 '디지티제이션(digitization)'일 뿐, '디지털리제이션(digitalization)'이나 '디지털 트랜스포메이션(digital transformation)'과는 거리가 멀다.

단순한 아날로그 정보의 디지털 정보화는 비즈니스의 운영 방식과 사업모델의 전환을 의미하지는 않는다. 시장의 파괴적 변화에 대응해 조직의 문화와 서비스나 상품 개념을 혁신적으로 변화시키는 사고의 전환이 필요하다. 조직의 리더는 이러한 혁신이 가능한

---

16. 하나금융경영연구소(2020. 7), '코로나 19로 글로벌 은행 채널 변화 가속' 보고서.

조직의 환경을 만들고 구성원들의 사고방식을 디지털 전환시켜야 한다. 수십 년 전 마케팅 전략이나 서비스 제공 방식을 금과옥조인 양 주장하는 리더는 급변하는 무한 경쟁의 환경에서 조직을 구해낼 수 없다. 그저 향수에 젖어 과거 영화를 회상하다 조직을 벼랑 끝으로 내몰 뿐이다.

아시아 최고의 시중은행 중 하나인 DBS은행(Development Bank of Singapore)은 2015년부터 매년 해커톤(Hackathon)을 개최해오고 있다. 해커톤이란 해킹(hacking)과 마라톤(marathon)의 합성어로 소프트웨어 개발자, UI 설계자 등 다양한 분야의 전문가들이 참여해서 일정기간 동안 애플리케이션이나 비즈니스 모델 등의 아이디어를 만들어내는 이벤트를 말한다. 페이스북이나 구글과 같은 정보기술 업체들이 해커톤 행사를 통해 새로운 아이디어를 얻고 프로그램화하는 다양한 시도는 이미 많이 있었지만,[17] 금융회사가 자체적으로 해커톤 행사를 개최해서 금융 애플리케이션 개발 경쟁의 장을 만든 것은 DBS가 처음이다. DBS의 해커톤은 직원들의 자발적 참여 프로그램으로, 외부 스타트업과 파트너십을 통해 새로운 모바일 애플리케이션을 개발해 우승을 다투는 행사다. 5일 동안 진행되는 이 행사는 개발된 혁신적 금융앱 가운데 은행의 신사업 모델을 발굴하는 역할

---

17. 구글코리아가 2011년 국내 개발자를 대상으로 개최한 해커톤 행사에서 9시간 만에 개발한 언어 인식 인공지능 프로그램 고리(Gori)가 우승을 차지하기도 했다.

도 하고 있다.

DBS의 해커톤은 2009년 피유시 굽타(Piyush Gupta)의 CEO 취임 이후 이루어진 개혁 사례 중 하나다. 굽타 행장은 과거 전통적인 상업은행의 보수성을 탈피하고 최상의 금융솔루션을 제공하기 위해 가장 앞선 기술을 도입하고, 세계에서 가장 민첩한 조직 문화를 뿌리내리기 위해 10년간 지속적인 노력을 기울여왔다. 그는 취임 직후 아홉 가지 전략 로드맵을 제시했는데, 그 전략 중 하나가 '세계 최고의 디지털 뱅크'였다. 해커톤 프로그램은 이 목표를 실현하기 위해 은행의 보수적 조직 문화와 직원의 경직된 사고의 혁신적 전환을 이루어내기 위해 도입되었다. 그 행사를 통해 개발된 앱의 현실 적용 가능성이나 완성도는 크게 중요하지 않았다. 많은 직원이 이 행사에 직접 참여하지 않더라도 관심을 두는 그것만으로도 조직 문화의 큰 변화가 이루어질 수 있다는 CEO의 신념이 시작한 일이다.

굽타 행장은 전 세계 2만 6,000명의 DBS 전 직원 개개인이 모두 창업자(start-up)라고 정의하고, 창업자적 조직 문화를 심기 위해 노력했다. 해커톤 프로그램이 시행된 것도 모든 직원이 창업자가 되어 도전하라는 의미가 강하다. DBS를 아마존의 제프 베조스가 경영한다면 '무엇을 할 것이냐'는 관점에서 혁신의 다양한 방법을 고민하고 실천에 옮기는 노력이 계속되었다.

DBS를 디지털 뱅크로 변화시키려는 노력은 결국 세계적인 금융잡지인 〈Euromoney〉로부터 'World's Best Digital Bank'로 선정되는 결과를 낳았다. DBS보다 훨씬 큰 세계 유수의 은행들을 제치고 가장 앞선 혁신은행의 타이틀을 차지하는 쾌거를 이룬 것이다. 과거 DBS가 'Damn Bloody Slow Bank'라고 놀림받았던 시절이 있었다는 사실은 상상이 되지 않는다.

DBS은행의 혁신 의지는 'Live more, Bank less'라는 은행 모토에서 여실히 드러난다. 새로운 사업모델이 기존 사업의 수익원을 감소시키는 자기잠식(cannibalization)은 신규 사업 도입의 가장 큰 장애요소가 된다. 그런데 은행이 추구하는 목표가 사람들의 'banking' 활동을 줄이는 것이라면 언뜻 이해가 되지 않는다. 혁신적 변화가 기존 사업의 수익 창출 흐름을 희생하더라도 더 큰 사회적 가치를 창출한다면 기꺼이 바꾼다는 신념이 없다면 불가능한 일이다. 사회적 가치의 증대는 결국 그 변화를 이루어낸 조직의 이익으로 다시 돌아온다는 확신도 혁신을 가능하게 하는 중요한 동인임에 틀림없다.

뱅킹을 줄이자는 개념은 시간적 공간적인 효율성의 증대를 의미한다. 그만큼 고객들의 삶의 질은 개선된다. 뱅킹을 최대한 단순화함으로써 사람들이 뱅킹 이외의 삶을 더 풍요롭게 누릴 수 있게 하려는 목적이다. 'Live more, Bank less' 모토의 실현을 위해 DBS는 고객의 은행 접근 방식을 획기적으로 변화시키는 디지털 인프라를 구축하기 위해서 간편송금 서비스 'PayLha!', 인도 최초의 디지털 뱅크인 'Digibank'와 같은 새로운 고객 맞춤형 서비스를 개발하는 등 10년간 4조 원이 넘는 과감한 투자를 감행했다. 스타트업 회사의 창업정신으로 무장, 창업가적 조직 문화를 뿌리내리고 외부에 더 넓은 문호를 과감히 개방했다. 외부 디지털 전문 인력 확보를 위해 개발한 Hack2Hire와 같은 프로그램은 조직의 개방성을 확대해 혁신의 지속 가능성을 높였다.

디지털 시대에서 기업의 혁신적 변화는 더 이상 선택이 아니다. 그러나 조직의 변화는 저절로 이루어지지 않는다. 한순간에 이루어지지도 않는다. 먼저 리더가 변해야 한다. 기업 문화의 변화는 위에서부터 이루어진다. 리더의 디지털 마인드 셋이 구성원들의 디지털 마인드 셋을 만든다. 장기적인 안목으로 꾸준히 지속해야만 변화가 가능해진다. 10년 이상을 최고경영자로 조직을 이끌어가기 어려운 우리의 현실이 핑계가 되어서는 안 된다. 뒤를 잇는 리더들이 같은 생각과 믿음으로 단절 없이 변화를 추진하면 된다. 변화 의지를 조직의 DNA로 각인시키는 리더의 노력만이 미래 경쟁력을 키우는 길이다.

상자 밖으로!

몇 해 전, 핀테크 기업 방문 목적으로 미국 출장을 간 적이 있다. 기업 방문을 동행하기로 한 벤처 투자 회사 파트너 한 분이 테슬라 전기차를 구입했다며 라이드를 제안했다. 이번 기회에 전기차 경험을 해보고 새로운 세상의 변화 속도가 얼마나 빠른지 직접 느껴보라는 것이다.

마침 출근 시간대라 숙소가 있는 팔로알토에서 방문 기업이 소재한 샌프란시스코까지 고속도로 정체가 심해서 가다 서기를 반복하던 중, 그는 정차한 차의 브레이크에서 발을 떼며 혹시 이상한 점이 없는지 물었다. 통상 내연기관 자동차의 경우, 정지한 상태에서 브레이크를 떼면 조금씩 앞으로 나가는 현상이 있지만, 이 차는 신기하게도 앞으로 나가지 않고 움직이지 않았다. 전기차는 특성상 정지 후 가속 페달을 밟지 않으면 경사지가 아닌 이상 움직이지 않는다는 것이다. 브레이크를 밟아 전기가 일단 끊긴 상태에서는 모터가 작동하지 않기 때문이다.

가속 페달을 밟기 전이라도 브레이크에서 발을 떼면 앞으로 조금씩 움직이기 시작하는 내연기관 자동차와는 다른 현상이다. 수동 기어식 차량도 아니고 정지 상태를 유지시켜주는 소위 '홀드 어시스트' 기능이 옵션으로 달린 것도 아닌데, 정지 후 브레이크에서 발을 떼고 있어도 그 자리에 멈춰 서 있다. 지금에야 전기차, 수소차가 보편화되는 추세라 이미 익숙해진 상황일 수도 있겠으나, 전기차가 막 보급되기 시작한 당시에는 경험해보지 못한 어색한 현상이다.

이런 현상이 익숙하지 않은 테슬라 운전자들이 크리핑(creeping, 서서히 움직임)이 없다며 고장 신고를 했고, 전기차 고유의 특징이지 고장이 아니라는 회사 측 설명에도 불구하고 개선 요청이 쇄도했다고 한다. 이에 테슬라 측은 고객 요구를 수용해 크리핑 기능을 새롭게 적용하기로 했다. 기능적으로 아무런 문제가 없는 현상일 뿐 아니라, 전기 동력 장치의 자연스러운 특징임에도 불구하고 일부러 필요 없는 부분을 고객 요구에 따라 수용키로 한 회사의 결정도 대단하지만, 더욱 놀라운 것은 기능 개선의 방법이다.

일반적으로 자동차 결함이 발견되어 수리가 필요한 경우, 정비 공장으로 해당 차량을 리콜해 물리적 공정 작업 과정을 거치는 모습을 그리게 된다. 그러나 테슬라는 달랐다. 어느 날 아침, 출근을 위해 차 시동을 켜는 순간 대시보드 앞에 큼지막이 자리한 컴퓨터 스크린에 메시지 알림이 뜬다. 새로운 기능이 추가되었으니 다운로 드하라는 지시에 따라 프로그램을 설치한다. 설치된 프로그램을 실행하는 순간, 크리핑 기능을 선택할 수 있는 옵션이 뜨고 설정 방법을 친절히 안내한다.

자동차에 장착된 시스템과 테슬라 본사가 통신으로 실시간 연결되어 있기에 가능한 일이다. 정비소가 개입할 여지도, 기계 장치를 덧붙이고 수리해야 할 일이 없다. 모든 기능의 개선이 비대면으로 이루어지고, 소비자는 없는 시간 쪼개가며 수고스럽게 발품 팔일이 없다. 소비자 요구가 스크린 터치 하나로 순식간에 해결되는 혁신의 생생한 사례를 목격하는 순간이다. 이제 자동차는 단순한 이동 수단이 아니라 이용자의 콘텐츠 소비 플랫폼이 되었다. 자동차 회사인지 인터넷 기업인지 혼란스럽다.

자동차의 본질이 이동 수단이라는 고정관념의 틀에 갇혀 있었다면 이런 혁신은 불가능하다. 혁신적 사고는 아무런 비판 없이 당연하게 받아들여 온 고정화된 사고의 굴레 안에서는 이루어질 수 없다. 과감히 그 틀을 깨고 나올 때 창의와 혁신이 이루어질 수 있는 것이다. 동행한 벤처 투자 회사 파트너는 상자 밖으로 뛰쳐나올 수 있는 잠재적 혁신 능력을 찾아내는 것이 투자 성공의 핵심이라고 강조했다. 그의 투자 회사는 테슬라 설립 초기 투자로 큰 수익을 올렸다.

'out of the box'라는 말은 20세기 초 영국의 수학자 헨리 어니스트 두드니(Henry Ernest Dudeney)가 고안해낸 퍼즐에서 유래한다. 가로세로 각 세 개의 점으로 구성된 사각형 모양의 총 아홉 개 점 모두를 네 개의 직선으로 끊김 없이 잇는 방법을 찾아내는 퍼즐이다. 이 문제를 푸는 유일한 방법은 연결선을 네모 경계 밖으로 연장해 안에 있는 점들을 잇는 것이다.

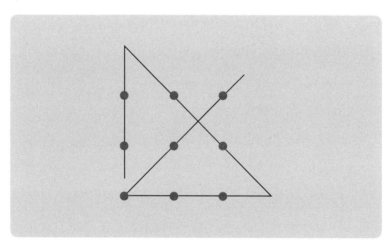

헨리 두드니의 'Out of the box'

대부분 사람들은 아홉 개 점이 만들어낸 가상의 네모 경계를 벗어나지 못하고, 그 안에서 끙끙대다가 포기하고 만다. 'boxed-in'

된 것이다. 선택할 수 있는 경우의 수를 제한시키고 고정된 틀 안에 자신을 스스로 가두어버린 것이다. 사고의 폭은 그 틀의 넓이로 규정되어 더는 넓어지지 않는다. 그 경계를 벗어난 세상은 감히 상상해볼 엄두가 나지 않는다. 마치 네모난 지구의 끝은 죽음의 절벽이라는 공포에 그 끝을 직접 보고 알아보려는 시도조차 하지 않는 셈이다.

당장은 실현 가능성이 없지만, 누구도 생각해보지 않은 공상 수준의 'blue sky thinking'이라도 나쁘지 않다. 누가 처음부터 순수 전기 자동차의 양산이나 재활용 로켓이 가능하다고 생각했겠는가? 현실적 제약으로 실행할 수 없는 아이디어라도 또 다른 아이디어의 씨앗이 되고 아이디어 릴레이의 시발점이 된다. 아이디어는 아이디어로 이어지고 창조적 혁신의 계기를 만든다.

금융산업에서도 이미 4차 산업혁명이 진행되고 있다. 국내에서도 최근 문을 연 인터넷 전문은행뿐 아니라 많은 핀테크 업체들이 기존 금융산업의 틀을 깨고 있다. 서비스나 상품의 공급이 회사의 일방적인 결정에 따라 이루어지는 것이 아니라, 오히려 고객의 요구로부터 발생하는 시대가 되었다. 고객 선택의 폭이 확대되는 건전한 경쟁 구도가 새롭게 만들어지고 있다. 한 인터넷은행의 가치가 4대 금융그룹의 시가 총액 합계를 넘어설 것이라는 공격적 예측까지 설득력을 얻고 있는 수준까지 와 있다.

더구나 초연결 사회에서 데이터의 공유는 비이기적 관용 행동으로 요구되는 피할 수 없는 현상이 되어버렸다. 이제는 모든 것이 데이터가 되는 상황에서 아이디어의 흐름 속도가 기하급수적으로 빨라져 과거 경험하지 못한 수준의 경쟁이 불가피하다. 가까운 장래에 은행들의 전통적 중개 기능은 사라져버릴 수도 있다는 생각마저 든다. 라이선스 비즈니스의 편안한 상자 안에서 기존 패러다임의 기득권만을 누리고자 한다면, 더는 생존의 기반을 유지할 수 없다는 절박한 각오가 필요하다.

그런데도 고착된 행동 양식이나 조직 구조를 깨지 못하고 구습에 얽매여 박스 안에 갇혀 변화의 요구에 눈을 감는 기업들이 아직도 많다. 변화는 번거롭고 고통스럽다. 괜스레 새로운 창의적 아이디어로, 익숙해진 삶의 패턴을 바꿀 필요를 느끼지 못한다. 신입직원들이 들어오면 그들의 '골든타임'은 고작 6개월이다. 새로운 시각으로 조직을 바라보고 비판적 궁금증으로 '왜'를 외칠 수 있는 시간이다. 시간이 지날수록 기존 체제에 물들어간다. '원래 그렇다', '그냥 시키는 대로 하라'는 이야기를 반복적으로 듣다 보면 기존 체제에 의문을 제기하거나 새로운 제안을 할 의지는 꺾이고 구태에 물들어 편하게 지낼 수 있는 현실 적응 능력이 발달한다. 그저 똑같은 구성원의 하나가 되는 데 걸리는 시간은 그리 길지 않다.

구성원들이 거리낌 없이 색다른 시각의 비판과 의견을 개진할 수 있는 분위기를 만들어주어야 한다. 신입직원들의 골든타임을 늘려야 한다. 리더는 그들의 의견을 경청하고 존중해야 한다. 그래야 조직 전체의 문화가 바뀌고 다른 생각이 언제나 환영받는 조직의 생명력이 살아난다. 언제나 항상 골든타임이 되는 것이다. 초연결 창조사회로의 'out of the box' 노력은 기업 생존의 필수 요소이자, 리더의 중요한 책임임에 틀림이 없다.

*

영웅들이여,
깨어나라!

미국 서부 실리콘밸리 산마테오시에 소재한 벤처캐피털 회사인 드레이퍼 어소시에이츠(Draper Associates)는 설립 초기 단계(seed-stage)의 유망 기업을 발굴하고 성장을 지원하는 벤처펀드 운용사다. 투자 포트폴리오에는 중국 최대의 검색 포털 사이트 운영 업체인 바이두(Baidu), 일론 머스크의 테슬라(Tesla)와 스페이스엑스(Space X), 스카이프(Skype), 비트코인(Bitcoin) 등이 있다. 최근 미국 동학 개미 투자자들의 성지로 알려진 로빈후드(Robinhood Marktes, Inc.)도 드레이퍼의 주요 투자 중 하나다.

동사의 창립자인 팀 드레이퍼(Timothy Draper)는 1990년대 말 핫메일(Hotmail) 투자를 통해서 바이럴 마케팅(Viral Marketing) 개념을 만들어냈다고 알려진 인물로, 벤처 투자업계의 선구자로 알려져 있다. 그를 만나기 위해 회사 정문을 열고 들어가는 순간, 테슬라 전기 자동차를 반으로 잘라 만든 안내데스크 앞에 "여기는 영웅 도시, 한계는 없다(Hero City, No limits)"라는 팻말이 시선을 사로잡는다. 드레이퍼는 테슬라 설립 초기 일론 머스크의 꿈과 집념에 대한 시장의 믿음이 크지 않았던 시기에, 세상을 바꾸는 혁신에 투자하는 과감한 결정을 했고 그 투자는 화려한 성공으로 이어졌다. 창의적 아이디어가 실현될 수 있는 토양과 환경을 만들고 지원하는 것이 벤처 캐피털리스트의 책임과 역할이라는 신념과 혁신적 도전만이 사회 패러다임의 창조적 변화와 새로운 가치를 만들어낼 수 있다는 사실을 밝힌 것이다.

안내데스크 뒤로 펼쳐진 거대한 공간은 오롯이 젊은 창업 희망자들이 함께 모여 작업할 수 있게 되어 있다. 사무실 사용 관련 비용은 물론 없다. 편한 복장으로 삼삼오오 팀별로 모여 의견을 교환하며 열띤 토론을 하느라 온 층이 시끌벅적하다. 청년들의 창업 열기와 도전 정신을 피부로 느낄 수 있다. 그들의 꿈과 희망을 보면 흐뭇한 미소가 절로 입가에 머문다.

사무실 온 벽면에는 원색의 슈퍼히어로 만화 주인공들 그림이 가득하다. 어렸을 적 보고 또 보며 흉내 내면서 즐거워했던 만화영화 주인공들을 만날 수 있다. 주먹 쥔 한 손을 앞으로 곧게 뻗으며 구름 위를 나는 슈퍼맨의 모습에선 흥분이 감돈다. 슈퍼맨 옆에는 원더우먼이 여전사 옷차림으로 등장한다. 하늘 높이 로프를 돌리며

"Unleash the heroes"라고 외친다. 마치 그곳에 모인 젊은이들에게 "영웅들이여, 깨어나라"라고 외치는 듯하다.

동료 로빈과 힘을 합쳐 악당을 물리치는 배트맨의 모습에서 사회악을 물리치고 삶의 고통에서 사람들을 구해내는 행복의 비전을 떠올리게 된다. 창업을 희망하는 젊은이들의 꿈과 용기를 북돋고, 그들의 도전을 전폭적으로 지원함으로써 슈퍼히어로의 탄생을 돕겠다는 회사의 의지가 여실히 드러난다. 든든한 후원자의 손길을 느낄 수 있다. 매일 슈퍼히어로의 화려한 모습을 보면서 자칫 꺾일 수 있는 도전 의지의 불꽃을 살리며 다시 일어설 수 있는 활력을 얻을 수 있을 것이다.

다듬어진 아이디어는 한 달에 한두 번씩 열리는 '데모 데이'를 통해 각지의 벤처 투자자들 앞에서 발표되고 투자 유치 기회도 모색할 수 있다. 당장 투자가 안 되는 경우라도 전문가들의 친절하고 세세한 의견과 평가를 들어볼 수 있다. 피드백을 반영한 개선된 아이디어는 계속해서 보완 개진될 기회가 부여된다.

드레이퍼 어소시에이츠 본사 앞에는 드레이퍼 유니버시티(Draper University)가 있다. 세계적인 창업 사관학교로 알려진 창업 지원 교육 센터다. 갓 20세를 넘긴 청년들이 모여 창업과 관련한 교육 프로그램을 이수하고 자신만의 아이디어를 사업화할 수 있는 능력을 배양한다. 학교에는 책상 대신 빈백(bean bag) 의자가 놓여 있고 사방이 화이트보드다. 어디서든 자유로운 분위기에서 토론하고 정보를 나눌 수 있다. 교육, 아이디어 사업화, 투자로 이어지는 멋진 창업 생태계가 완성된다.

우리나라에서도 최근 몇 년간 청년 창업과 관련한 환경에 많은 긍정적 변화가 있는 것은 사실이나, 불확실한 위험 부담에도 불구하고 과감히 창업에 도전하는 청년들의 모습은 아직도 특별한 경우로 여겨진다. 정부나 대학교의 창업 지원제도가 꾸준히 늘어나고 기업들의 관심도 높아져 여러 다양한 지원 프로그램 제공 추세가 이어지고는 있으나, 다른 선진국과 비교해 창업 생태계가 빈약한 것이 사실이다. 특히 청년들의 창의적 도전 노력을 적극적으로 장려할 만한 민간 부문의 투자 지원제도나 창업 후 발전 단계별 생태계가 완전하지 못하다. 그러다 보니 대부분 젊은이들은 안정된 직장을 찾고 싶어 하고 사투에 가까운 취업 경쟁을 할 수밖에 없다. 공무원 시험 경쟁률은 수백 대 일에 이른다. 무한한 상상력으로 새로운 세상의 지평을 열어보겠다는 당찬 포부는 접어둘 수밖에 없다.

여러 금융회사나 기업들이 디지털 트랜스포메이션과 연계한 창업 지원 랩이나 디지털 허브를 운영하고 있으나, 눈에 띄는 성과 사례는 찾기 어렵다. 그저 홍보용 이벤트성 잔치가 되는 경우도 많다.

기수를 늘려가며 몇 개의 스타트업이 우리 랩을 거쳐갔다는 것이 성과라면 애초의 취지를 살릴 수 없다. 랩을 거쳐간 창업자들도 일정 기간 사무실 무료 임대가 유일한 혜택이었다는 피드백도 있다. 개발한 기술이나 아이디어를 기존 대기업이나 금융회사와 연계해서 상품화하거나 활용할 기회는 극히 제한적이고, 필요한 개발 자금이나 마케팅 자금을 지원할 투자 유치도 쉽지 않다.

M&A 시장도 활성화되어야 한다. 자본력을 갖춘 대기업들이 스타트업 회사들의 기업 가치를 충분히 인정하고 과감한 투자를 해야만 창업 생태계의 연결고리를 만들어낼 수 있다. 좋은 아이디어나 기술을 발견하면 창업 투자 지원보다는 내부 개발로 방향이 틀어지는 경우도 많다. 창업 생태계의 연결고리가 끊어진다. 혁신을 이어갈 개발 자금도 없고, 그렇다고 제대로 된 가치를 인정받을 길도 없다 보면 혼신의 노력 의지와 창업가 정신은 사라진다. 아이디어 하나만으로도 유니콘 기업이 탄생하는 성공스토리가 끊임없이 나와야 계속된 도전의 의지를 끌어낼 수 있다.

디지털 금융기술 개발 투자에 적극적인 미국의 BofA(Bank of America)는 2017년 'High-Tech, High-Touch'라는 기치로 핀테크 투자의 주도적 리더십을 선언하고 매년 3억 불이 넘는 창업 투자 지원을 약속했다. 실제로 BofA는 200개가 넘는 핀테크 스타트업 회사에 투자를 실행하고 금융혁신의 에코 시스템을 만들어나가고 있다.

우리나라 금융회사들도 혁신 생태계 형성을 위한 역할을 해야 할 때다. 디지털 금융의 중요성을 강조하면서도 대부분의 투자는 자체 개발 쪽으로 기울어져, 외부 기업과의 파트너십 연계는 상대적으로 기회가 적다. 더구나 자체 개발의 대부분은 외주로 이루어지다 보니 그나마 기술력의 내재화도 이루어지지 않는다. 투자를 매개로 파트너의 혁신적 역량이 원윈의 선순환 효과를 만들어낼 수 있다.

필자가 은행장 시절, 사내 벤처 제도를 시행한 적이 있다. 참여하는 직원들이 기존 조직의 틀을 벗어나 아무런 제약 없이 마음껏 아이디어를 내고 창업으로까지 연결할 수 있도록 지원하고 그 성과를 나누는 혁신 주도 목적의 프로그램이었다. 그러나 기대와 달리 큰 호응을 얻지 못하고 제도가 사장된 안타까운 경험이 있다. 일부에서는 이런 새로운 제도가 기존 인사제도와 보상 시스템의 틀을 무너뜨릴 수 있다는 이유로 반대가 심하기도 했다. 제도의 홍보에도 문제가 있었지만, 도전의 결과에 대한 충분한 보상이 이루어져야 함은 물론, 실패 또한 가치 있는 경험으로 인정되어야 한다는 인식이 아직 부족하다. 구태의 관행을 깨고 고정화된 조직의 레거시를 극복할 수 있는 토대를 먼저 만들지 못했다. 혁신 노력이 인정받고 성과에 대한 적절한 보상이 가능한 유연한 인사제도의 개선도 필요하다.

끊임없는 도전과 혁신은 지속 가능한 성장과 발전의 필수적 요건이다. 젊음을 바쳐 도전해볼 만한 충분한 동기가 제공되어야 한다. 실패를 두려워하지 않고 도전할 수 있는 창조적 생태계를 만드는 길이 조직의 미래를 밝히는 영웅을 만드는 길이다.

*

데이터가
경쟁력이다

초연결·초지능·초융합으로 특징되는 4차 산업혁명이나 디지털 전환(digital transformation)이 화두로 등장한 것은 이미 오래전이다. 그런데도 대면관계를 통해 이루어지는 인간적 교감을 IT가 대체하는 것은 불가능하다는 굳은 믿음과 지금까지 배신한 적 없는 전통적 사업 모델을 변경하거나 포기해야 하는 부담감으로, 많은 기업이 과감하고 속도감 있는 자발적 변화를 주저해왔다. 혁명적 차원의 세대 변화를 이해하면서도 왠지 자기 회사는 그 변화의 예외가 될 것만 같은 막연한 희망의 끈을 붙잡고 있다. 그러나 그 희망의 끈은 COVID-19 대유행으로 끊어졌고, 혁신적 변화는 생존의 문제가 되어버렸다.

미국 마이크로소프트사의 CEO인 사티아 나델라(Satya Nadella)는 최근 한 언론과의 인터뷰에서 "2년간 일어날 디지털 전환 과정이 불과 2개월 만에 실현되었다"라고 말했다. 일반적으로 고객들이 가지고 있는 타성이나 보편적 불신은 한 상품이나 서비스가 주류가 되기까지 수년씩 걸린다. 그러나 COVID-19는 새로운 서비스에 대한 소비자들의 빠른 적응을 방해하는 요소들을 쓸어 없애버렸다.

결과적으로 예상하지 못한 위기 상황은 새로운 사회 패러다임을 만들고 그 안에서 엄청난 속도의 변화가 이루어지는 계기가 되었다. 디지털 플랫폼이 모든 산업의 서비스 기반이 되는 혁신이 이렇게 빨리 이루어질 것이라고는 예상하지 못했다. 창의와 기존 질서의 창조적 파괴가 경쟁의 핵심으로 자리 잡은 것이다.

디지털 시대의 선두 기업으로 빅테크 5로 불리는 FAANG[18]의 최근 성장은 소비 형태의 변화 속도를 가늠키 어려운 새로운 산업 혁명 시대의 도래를 확인해준다. 넷플릭스의 가입자 수는 2억 명 수준으로, 2020년 1분기에만 1,600만 명이 증가했다. 사회적 거리 두기는 콘텐츠 소비 방법을 극장에서 스트리밍으로 바꿔버렸다. 넷플릭스의 주가도 30% 이상 상승했다.

마이크로소프트도 2020년 1분기 매출은 지난해 같은 기간보

---

18. Facebook, Amazon, Apple, Netflix, Google.

다 15% 증가한 355억 불을 기록했다. 6월 말 기준 2020년 반기 매출은 1,400억 불 이상으로, 이 중 커머셜 클라우드 매출은 전년 대비 50% 이상 증가한 200억 불을 넘어섰다. 아마존도 분기 매출이 26% 증가한 755억 불을 기록했다. 이 모든 성과는 연초만 하더라도 아무도 기대하지 못했던 뜻밖의 결과로, FAANG 주가 또한 예상을 훌쩍 넘는 실적에 힘입어 40~60% 사이의 높은 상승률을 나타냈다.

뉴욕 맨해튼의 '르 베르나르딘(Le Bernardin)'이나 2006년 이후 미슐랭 3스타를 놓친 적이 없는 나파 밸리의 '더 프렌치 런드리(The French Laundry)'와 같은 최고급 레스토랑은 록다운(lock down) 여파로 지금까지 누려왔던 프리미엄을 누릴 수 없게 되었다. 같은 음식이라도 그 음식이 제공되는 식당의 고상하고 우아한 분위기와 고객을 왕처럼 모시는 서비스에 훨씬 높은 가격을 지불할 용의가 있다. 와인 값을 두세 배나 많이 내고서도 마시는 이유는 분위기를 마시고 싶어서일 것이다. 그런 분위기와 서비스가 없다면 아무리 훌륭한 음식이라도 프리미엄을 지불할 이유가 없게 된다. 그런 레스토랑의 음식을 같은 가격으로 테이크아웃할 이유는 없다.

요식업계의 판도는 완전히 바뀌었다. 배달이나 포장을 전문으로 하는 음식점들이 등장하기 시작했다. 또 이런 음식점들을 소비자들과 편리하게 연결해주는 온라인 배달앱이 급성장했다. 도어대시(DoorDash), 그럽허브(GrubHub), 우버잇츠(Uber Eats)와 같은 온라인 배달 회사의 성장은 괄목할 만하다. 특히 도어대시는 배달 시장의 40%를 장악하는 기염을 토했다. 심지어 배달 로봇을 도입하는 혁신을 진행 중이다. 소비자들은 원하는 음식의 가장 빠른 배달 경로와 시간 정보를 앱을 통해 실시간으로 제공받고 배달 옵션을 선택할 수 있다.

기업들이 재택근무로 전환하면서 대면 회의가 대부분 없어지고 온라인 화상 회의로 바뀌는 변화가 생겨났다. 많은 회사가 화상 회의 시스템을 갖추어놓고 있었지만, 실제 사용하는 경우는 많지 않았다. 회의가 있는 날이면 아무리 먼 지방에서도 하루 전체를 희생하고라도 굳이 서울로 올라와 회의에 참석하는 것이 윗사람에 대한 예의이고 의무인 듯 여겨졌다.

그러나 코로나 사태는 과거 의도하지 않았던 경험을 강제했고, 새로운 시도는 과거 관행의 비효율성과 새로운 방법의 합리성과 효용성을 깨닫게 하는 뜻밖의 기회를 주었다. 원하든 원치 않든 새로운 소비자 경험을 하는 셈이다. 필자가 사외이사로 있는 회사의 이사회도 3월 이후 대부분의 회의를 화상으로 진행했는데, 왠지 불편하고 어색할 것만 같던 선입견은 첫 화상 회의 이후 모두 사라졌다. 통신기술과 소프트웨어의 획기적 발전은 수년 전 완벽하지 못한 화질과 음질의 불편한 경험으로 자리 잡은 화상 회의에 대한 거부감을 한순간에 날려버렸다.

온라인 화상 회의 시스템인 '줌(Zoom)' 사용자 수는 코로나 이전 1,000만 명 수준에서 불과 몇 개월 만에 3억 명을 넘어서는 엄청난 성장을 이루었다. 아울랩스(Owl Labs)가 개발한 비디오 콘퍼런스용 스피커 겸 카메라인 미팅 아울(Meeting Owl)이 화자를 추적하며 화면에 비춘다. 구태여 스피커나 노트북을 들고 다니면서 움직일 이유도 없다. 마치 한 회의실 안에서 눈을 마주치며 이야기하는 착각을 일으킬 정도다.

우리는 지금 기존 산업 규범이 파괴되는 현장을 생생하게 목격하고 있다. 더는 변화를 주저할 수 없다. COVID-19 이전에는 상상도 못 했던 그림들이 펼쳐지고 있다. 변화의 속도가 기하학적으로 빨라지긴 했지만, 이미 변화는 수년 전부터 시작되고 있었다. 금융산업 역시 디지털 전환의 큰 물결에서 벗어날 수 없다. 인터넷 뱅킹이나 모바일뱅킹의 확산으로 대면 영업 수요가 급격히 줄어들면서 은행들은 대면 채널 전략을 크게 수정하지 않을 수 없었다. 우리나라 은행 점포 수는 2012년 7,681개에서 2019년 13%가 감소한 6,710개로 무려 971개 점포가 사라졌다. 국내 4대 은행은 2020년 상반기 중에만 126개의 점포를 폐쇄하는 등 점포 수 감소 추세는 계속되고 있다.

인터넷 전문은행이 처음 등장했을 때, 그들의 성공 가능성에 의구심을 가졌던 시장의 시각은 180도 달라졌다. 플랫폼 사업에서 획득한 고객 기반의 은행 고객화는 예상보다 훨씬 빨리 진행되었고, 이미 축적된 고객 관련 데이터는 은행 마케팅 전략의 유연성을 높였다. 인터넷 전문은행의 선두주자인 카카오뱅크는 설립 3년 만에 1,250만 명을 넘는 고객을 유치했다. 기존은행들이 수십 년 고생 끝에 이룬 성과를 단숨에 뛰어넘었다.

이커머스(e-commerce) 시장의 변화는 어떤 다른 산업보다도 크고 빠르다. 코로나 사태는 이커머스 시장의 발전을 6년이나 앞당겼다는 평가를 받고 있다. 2020년 4월 기준 미국과 캐나다의 전자 상거래 주문은 전년 동기 대비 130% 가까운 증가율을 시현했다. 국내 온라인 소매 시장 역시 급격한 성장세를 보인다. COVID-19 확산 이후 온라인 소비가 차지하는 비중은 2020년 1월 중 22% 수준에서 2~5월까지 3개월 동안 27%로 높아졌다.

코로나 사태가 진정된다고 하더라도, 온라인 소비 행태는 다시 이전으로 돌아갈 것 같지 않아 보인다. 온라인 쇼핑의 편리성과 시간 활용의 효용성을 맛본 소비자들은 구태여 사람들 틈에 끼여 긴 줄을 서가며 많은 시간을 들여 마트나 매장을 가고 싶지 않다. 뉴노멀의 시대가 도래한 것이다.

새로운 산업의 지평선이 열린 만큼 더 치열한 경쟁은 불가피하다. 그러나 디지털 전환 시대의 경쟁은 지금까지의 경쟁과는 사뭇 다르다. 과거 차별화되지 않는 거의 동일한 사업 모델 간의 경쟁은 여기저기 전단 돌리며 남들보다 한 걸음이라도 더 뛰고, 한 사람이라도 더 만나고, 그저 '열심히' 하는 차원이었다면, 뉴노멀 시대의 경쟁은 완전히 다른 새로운 개념의 사업 모델 등장에 기존 시장 참여자들의 고객이 통째로 빼앗기는 차원이다.

인공지능(AI)과 기계학습(machine learning)은 고객의 행동 습관이나 기호를 분석해 고객별 차별화된 서비스를 제공한다. 특히 고객의 특성을 파악해 충성 고객으로 하여금 다른 일반 소비자와 다른 특별한 사용자 경험을 할 수 있도록 하고, 로그인 방식도 통상적인 보안 절차와는 달리 간편한 고객 인식 방식을 적용하기도 한다. 그렇다고 해서 고객 편리성 제고가 보안 수준을 훼손하는 것은 절대 아니다. 분석된 고객의 소비 패턴과 습관을 보안에 적용해 계정 탈취의 위험을 실시간으로 제어할 수 있기에 가능한 일이다.

결국 디지털 전환 뉴노멀 시대의 경쟁력은 데이터에서 나온다. 디지털 기술이나 통신 기술과 같은 인프라 발전만으로는 혁신적 파괴의 새로운 사업 모델이 가능하지 않다. 기술 자체는 수단일 뿐이다. 무엇보다 중요한 것은 '소비자들에게 어떤 가치를 줄 것인지'이다. 소비자마다 다른 가치 기준을 통일적으로 맞출 수는 없다. 고객별 특성에 맞는 차별화된 서비스는 고객별 데이터 축적이 이루어지고, 다양한 시각의 데이터 분석이 우선되어야 한다. 데이터 없이 고객의 충성도를 높이는 맞춤형 서비스의 창조는 불가능하다.

은행들이 가지고 있는 고객 데이터는 막대하다. 수많은 고객과 관련한 거래 형태별 데이터가 수년간 쌓이다 보면 10층짜리 데이터 센터가 모자랄 판이다. 문제는 데이터의 양이 아니라 데이터의 다면적 분석과 해석이다. 신설 인터넷 전문은행이 유서 깊은 기존 상업은행들과 겨루어 절대 주눅 들지 않는 경쟁력을 발휘할 수 있는 이유는 데이터로부터 영업을 유도해낼 수 있기 때문이다. 목적성 있는 분석이 수반되지 않는 데이터는 처치 곤란한 쓰레기가 될 수 있다.

리더는 캐내지 않은 원석인 데이터를 가공해서 가치 있는 마케팅 경쟁력을 만드는 세공사가 되어야 한다. 도어대시는 앱디자이너나 엔지니어뿐만 아니라 최고경영자까지 정기적으로 대셔(Dasher, 음식 배달원)가 되어 직접 경험하고 끊임없이 서비스 개선 방법을 찾아내고 데이터를 얻기 위한 노력을 기울인다고 한다. CRM(Customer Relationship Management)에 엄청난 투자를 하고도 활용하지 못하거나 그 가치를 모른다면, 고객들이 제공한 수많은 정보는 빛을 보지 못한다. 마이크로세그먼트 기반의 세분화된 개인화 마케팅 전략으로 디지털 전환 시대에 대응해야 한다. 데이터가 경쟁력이라는 리더의 깨달음이 조직의 경쟁력을 키우는 첫걸음이다.

II.

조직의 담장을
부쉬라

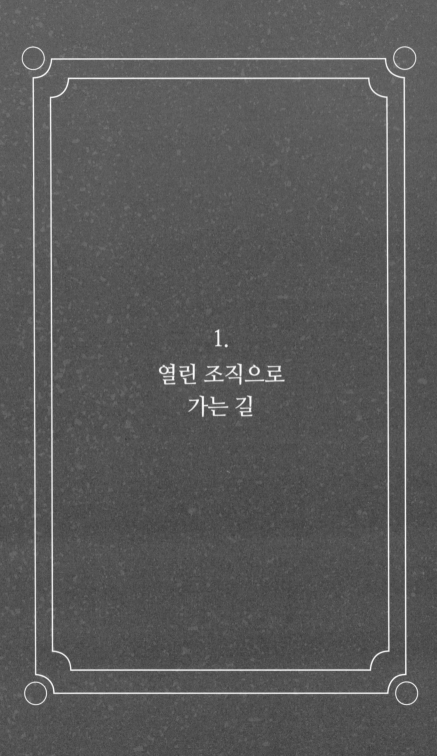

1.
열린 조직으로
가는 길

칭기즈칸의 개방성으로
조직의 문을 열어라

역사상 개방성이 뛰어났던 리더 중 단연 으뜸으로 칭기즈칸을 꼽는다. 세계 최대의 제국을 건설한 칭기즈칸은 '잔인한 정복자'라고 불릴 정도로 무자비한 용맹으로 세력을 넓혀나갔지만, 그의 리더십 한가운데에는 포용적 개방성이 자리 잡고 있다. 그 자신도 민족적 정체성이나 신분상의 혜택 없이 통치자 '칸'의 자리에 올랐다. 아홉 살에 아버지 예수게이가 죽자 자기 부족으로부터도 버림받았지만, 열한 개 부족을 통합하고 부족 간 전쟁이나 노예제를 금지하고 종교의 자유까지 허용했다.

호라즘 제국의 술탄 잘랄웃딘은 몽골과의 전투에서 치열히 싸우다 패퇴하며 인더스강 강가로 밀려났다. 그는 말에 올라탄 채 '준마의 도약'이라고 불리는 강물의 소용돌이 속으로 뛰어들어 가까스로 목숨을 구한다. 잘랄웃딘은 주변국들이 몽골제국의 엄청난 기세에 눌려 힘없이 무너지는 상황에서도 남은 전력을 모아 평생을 항전하며 전쟁터에서 산화한 인물이다. 그의 용기와 집념을 칭기즈칸은 오히려 칭찬하며 자기 아들들이 그와 같기를 바랐다. 그가 살아남았다면 칭기즈칸은 아마도 그를 최고의 장수로 대우하며 지척에 두고 활용했을 것이다.

칭기즈칸은 저항하는 부족이나 국가는 무자비하게 짓밟았지만, 정복지의 유능한 인재를 적극적으로 기용하고 새로운 문화와 기술을 포용해 통치의 수단으로 활용했다. 칭기즈칸의 본명인 테무친도 그의 아버지 예수게이가 쓰러뜨린 타타르족의 장수 테무친 우게의 이름에서 따왔다. 출신이나 배경과 관계없이 사람의 용맹함과 됨됨이를 중요시하고, 맞서 싸운 적이라 하더라도 포용했음을 알 수 있다.

세계를 제패하고 대제국을 이룬 몽골의 핵심 역량인 개방성은 로마제국의 그것과 맞닿아 있다. 싸움에서 패한 부족국가의 시민들에게 로마 시민권을 부여했을 뿐만 아니라, 외부인이라도 로마로 들어와 능력을 발휘할 수 있는 기회를 제공했다. 다른 문화와 제도를 폭넓게 수용하는 개방성은, '지성에서는 그리스인, 체력에서는 켈트족과 게르만족, 기술력에서는 에트루리아인, 경제력에서는 카르타고인보다 못한 로마인'[19]이 그들을 지배하는 천년 제국을 이뤄낸 핵심 경쟁력이 되었다.

세계적인 다국적 컨설팅 회사의 서울 지사로 부임한 한 한국 대표가 '한국이 살아남을 수 있는 길은 한국을 버려야 한다'[20]고 일갈하면서, 한국 기업들의 대표적인 특징으로 인력의 유동성과 개방성 부재를 지적한 적이 있다. 여러 직장을 다니며 다양한 경험을 통해 능력 개선의 기회를 얻는 서구 기업 직원들과는 달리, 한국의 직장인들은 한 직장에서만 수십 년을 보내며 '1년 경험, 20년 되풀이' 현상에 빠져 있다는 것이다.

그의 지적처럼 조직의 폐쇄성은 한국 기업들의 경쟁력을 약화시켜온 주요 원인일 수 있다. 특히 엄청난 속도의 변화를 경험하고 있는 현재 상황을 감안하면, 조직의 개방성은 필수 경쟁 요소가 아닐 수 없다. 조직의 지속적 성장에 필요한 지식과 역량이 부족하다면, 과감한 인재 영입을 통해 능력을 내재화해야 한다. CEO 자리도 마찬가지다. 리더는 스스로 개방적 문화의 필요성을 인식하고 구성원들의 거부감 없이 조직의 유연성이 확보될 수 있는 여건을 만들어야 한다.

성공적인 조직의 개방성 확보를 위해서는 반드시 선행되어야 할 전제 조건이 있다. 우선 개방형 인재 운용에 공정성이 담보되어

---

19. 시오노 나나미(2001), 《로마인 이야기》 1권

20. 이성용(2004), 《한국을 버려라》

야 함은 두말할 나위가 없다. 조선 전기의 문신 강희맹도 '절유전형 지임 자고위난(竊惟銓衡之任 自古爲難, 생각건대 전형의 임무는 예로부터 어렵다)'이라면서 천리(天理)와 인정(人情)을 아울러 어긋나지 않는 인사를 하지 못하는 자신의 용렬함을 탓하며 성종에게 사직의 성자(聖慈)를 바랐다고 한다. 시대를 불문하고 인사의 공정성은 그 무엇과도 바꿀 수 없는 가장 중요한 원칙임에 틀림이 없다.

외부 영입자들의 자질과 능력의 검증은 영입 전 꼼꼼히 이루어져야 하는 필수 과정이다. 특히 팀이나 부서, 사업 단위를 이끌 리더 포지션의 인사라면 더욱 그러하다. 그들이 통솔해서 끌고 나가야 할 부서의 직원들이 충분히 인정할 수 있는 경험과 능력이 없다면, 구성원들의 팔로우십(followship)을 기대할 수 없다. 내 자리만 차지한 공정하지 못한 인사라는 불만이 가득해지고 따르고 싶은 마음이 생길 리 없다. 조직의 개방성은 외부 영입을 위한 자리 만들기가 아니다.

새로운 에너지와 활력을 불어넣어 줄 수 있는 적합한 사람이 필요한 자리에 들어와야 한다. 자격도 안 되는 사람을 필요하지도 않은 자리에 앉히는 것은 최악이다. 영입된 조직의 문화와 비전을 이해하고 내부 구성원들과 융화할 수 있는 품성과 자세도 영입 인재 선택의 매우 중요한 판단 요소가 되어야 한다. 독불장군이 되어서는 안 된다. 외부 인재 영입이 매우 자연스러운 미국의 금융회사

중, 골드만삭스(Goldman Sachs)는 중간 관리자 영입을 가장 중요시하는데, 그들이 파트너급 경영진으로 성장하기 전에 조직의 문화를 이해하고 체화할 기회를 주고, 기업 문화에 충분히 동질화되었는지를 검증할 수 있기 때문이라고 한다.

그러나 무엇보다 중요한 전제는, 조직에 대한 로열티를 최우선 덕목으로 여기고, 때로는 본인 의사와는 관계없이 조직의 필요에 따라 부여된 직무를 충실히 수행해온 기존 구성원들에 대한 배려다. 경력 개발계획(CDP)과는 상관없는 발령으로 오랜 근무 기간에도 불구하고 경쟁력이 떨어진다는 평가를 받게 되는 오픈니스(openness)의 불이익을 받아서는 안 된다. 아직도 직원들에게 주어진 경력 선택의 자유가 제한적인 우리나라의 현실을 감안할 때, 더더욱 그러하다. 조직의 폐쇄성이 구성원들의 잘못이 되어서는 안 되기 때문이다.

내부 직원들이 스스로 역량을 키우고 자기 계발에 노력할 수 있는 동기부여와 기회 제공이 마련되어야 한다. 순환 보직의 원칙을 고수하며 직원 의사와는 관계없는 업무 재배치가 수시로 이루어지면 직원들이 전문성을 키울 기회가 없다. 고객 관리 업무라면 문제는 더 심각하다. 제대로 된 서비스를 제공할 만큼 고객 파악과 관계 형성이 이루어질 때쯤이면 자리가 바뀌게 되어 고객과 직원 모두가 엄청난 고통이다. 혹은, 인사철마다 새로 부임하는 상사의 업무 적응을 도와야 한다는 핑계로 원하지도 않는 자리를 하세월 지키고 있노라면 경력 개발은 물 건너간 일이 되어버린다. 그리고는 내부 직원의 전문성과 능력이 떨어지니 외부 인력의 유입이 어쩔 수 없는 해결 방법이라고 한다면 억울하기 짝이 없는 일이다. 그게 못마땅하면 떠나라고 해도, 안타깝게도 다른 옵션이 없어 억울함을 가슴에 묻고 참아낼 수밖에 없다. 맡겨진 책임에 충실했을 뿐인데, 경쟁력이 없다는 평가를 받을 뿐이다.

열린 조직으로 나아가기 위해서는 내부 직원들의 공감이 필요하다. 자격이 안 되는 외부 인사 영입의 경우는 말할 것도 없지만, 훌륭한 자질을 갖춘 인재의 영입도 내부 직원들의 자발적 도움이 없다면 언제나 실패다. 실제로 오픈니스를 모토로 영입한 외부 인력들이 새로운 조직에 적응하지 못한 채, 결국 능력을 발휘하지 못하고 떠나는 경우는 너무나 많다. 조직의 폐쇄성이 정당화되는 빌미가 된다. 조직의 개방성이 잘못된 것이 아니라, 개방성을 받아들일 수 없게 하는 여건이 문제다. 인재의 영입만이 개방성이 아니다. 새로운 리더십을 따르는 긍정의 팔로워(follower)가 될 수 있도록 내부 직원들에게 공정한 기회와 평가가 이루어져야 한다.

조직의 개방성과 유연성 확보는 내부 직원들을 위한 세심한 경력 개발과 기회 부여의 균형이 전제된 상황에서 공정성을 바탕으로 이루어져야 한다. 그래야만 비로소 개방성을 통해 우리가 기대하는 변화 대응력과 경쟁력의 향상을 확신할 수 있는 열린 조직의 문이 열리게 되는 것이다.

노장사상으로
시스템 경영을 보완하라

"과연 미국의 생산성은 어디에서 나오는 것일까." 필자가 하나 은행 뉴욕지점에 근무하면서 답을 찾기 위해 고민했던 화두이다. 2004년 당시 한국개발연구원 자료에 따르면, 1인당 부가 가치로 나타낸 생산성 지표는 미국이 한국보다 세 배나 높았다. 그런데 실생활에서 느끼는 체감은 전혀 다르다는 데서 의문은 시작된다.

우리나라에서는 집에 케이블 TV를 설치하는 데 이틀 이상을 기다려야 한다면 참을 사람이 없겠지만, 미국에서는 2주일이 넘게 기다려야 한다고 해도 아무런 불평 없이 자연스럽게 받아들인다. 뉴욕지점을 이전하는 데는 무려 6개월이나 걸렸다. 내부 공사에만 3개월 이상이 소요됐다. 통상 1~2주면 공사가 말끔히 끝나야 하는 게 너무나 당연한 우리 상식으로는 웬만한 인내로는 견디기 힘든 상황이 아닐 수 없다.

미국에서 운전면허증 하나 갱신하려면 하루 휴가를 내야 할 정도다. DMV(Department of Motor Vehicles) 직원들의 불친절에 불쾌감은 말할 것도 없다. 은행 지점의 창구에서 이루어지는 서비스의 질이나 속도도 마찬가지다. 우리나라 은행 지점 창구에서 고객이 그런 서비스를 받는다면 당장 불평불만이 쏟아지고, 그 창구직원은 어떻게든 고객 마음을 풀어드리려 머리 조아리며 연신 사과를 해야 했을 것이다.

이런 경험을 한다면 미국의 생산성이 우리나라보다 높다는 생각은 할 수가 없다. 그런데도 미국의 생산성이 한국의 세 배라면 그 이유는 도대체 무엇일까? 답은 바로 '시스템'이다. 의사결정자의 주관적 판단이 꼭 필요한 최소한의 부분을 제외하고 거의 모든 부분의 업무가 시스템화되어, 행여 발생할 수 있는 판단의 오류를 최소화한다. 정해진 시스템 속에서 촘촘히 짜인 매뉴얼에 따라 진행되는 업무는 비록 그 수행 과정이 길고 귀찮다 하더라도, 그래서 당장 상대방에게 불편함이 초래된다고 하더라도, 실수나 잘못된 일 처리로 발생할 수 있는 더 큰 불편함을 미리 막을 수 있다.

시스템이 갖추어지지 않은 경우, 상황이나 사람에 따라 접근 방법이 다르다 보니 오류 발생 가능성이 커진다. 오류가 발생하면 빠른 업무처리 속도로 얻었다고 착각했던 생산성보다 훨씬 큰 비용을 들여 그 오류를 수정해야 한다. 일 처리가 아무리 친절하고 빠르게 이루어진다 한들, 생산성은 나아질 게 없다.

안타깝지만, 15년이 지난 지금도 크게 달라진 것은 없다. 2019 년 7월 발표된 OECD의 '2019년 구조개혁 연례보고서(Going for Growth 2019)'에 따르면, 한국은 1인당 국내총생산 성장률과 노동생산 성 성장률이 떨어지고 OECD 국가 중 고령화는 가장 빨리 진행되 고 있다고 평가했다. 특히 서비스업에서의 생산성은 그 격차가 더 욱 큰데, 한국생산성본부가 측정한 우리나라 서비스업 종사자 1인 당 노동생산성은 2016년 기준 5만 1,652달러로 미국의 10만 4,476 달러의 절반에도 미치지 못한다. 세계 어느 나라 누구보다 더 많은 시간을 일하며 열심히 살아온 한국의 일꾼들이지만, 동일한 생산 총액을 얻기 위해 희생한 노동시간이 다른 나라의 두 배를 넘는다 는 사실을 깨닫는 순간, 그 허탈함은 어찌할 것인가?

생산성 저하를 초래하는 사회 전체적인 시스템적 모순, 구태 의연한 기업 문화가 개선되지 않고서는 한국인들의 삶의 질 향상 을 동반한 생산성 개선은 기대할 수 없다. 1998년 IMF 외환위기, 2007년 국제 금융위기 등 국가의 위기 상황을 슬기롭게 극복해낸 원동력은 국가 시스템에 있지 않았다. 시스템 부재의 결함에도 불 구하고, 위기 때마다 발휘되는 국민의 애국심과 개개인들의 뛰어난 역량이 결합된 세계가 놀랄 만한 신비한 능력으로 위기를 이겨낸 것이다. 아이의 돌 반지까지 들고나와 금 모으기 운동에 참여한 국민의 위대한 시민 정신이 국가를 회생시킨 동력의 원천이 되었다. 그만큼 시스템의 부재는 국민의 더 많은 희생을 요구한다. 그 희생이 국가를 위한 자발적 희생이라 하더라도 시스템 작동으로 충분히 줄일 수 있는 희생이라면 안타까운 사회적 비용이 아닐 수 없다.

그렇다고 해서 시스템이 언제나 생산성과 효율성을 보장하는 것은 아니다. 특히 미래 예측 가능성이 현저히 떨어지는 4차 산업혁명의 시대에 완벽한 시스템이란 있을 수도 없다. 시스템이 커버하지 못하는 변화의 속도는 무서울 정도다. OECD가 권고한 대로 우리나라의 국가 경쟁력과 생산성을 높이기 위해서는 규제 감축 및 개혁 모니터링 강화, 노동 유연성 제고와 노동 시장 이중구조 완화 등 거시적 정책 방안이 지속적으로 추진되어야 함은 물론이고, 불확실성에 대응하는 민첩성과 유연성 확보가 이루어져야 한다.

2011년 후쿠시마에서 발생한 원전 사고 이후 일본에서는 노장사상을 재조명하고 연구하는 새로운 흐름이 생겼다고 한다. 무위자연(無爲自然)을 주장하는 노장사상은 인위적인 형식의 강요를 부정하고 의도적 규범이나 제도의 고정된 틀을 벗어나야 한다고 가르친다. 제도나 시스템의 경직성을 경고하는 것이다.

일본이 전대미문의 원전 사고 당시 우왕좌왕하다 피해를 키운 부분이 있었다는 사실은, 일본이 오랜 기간 촘촘히 만들어온 사회적 규범과 시스템이 제대로 작동하지 못했다는 뜻이다. 기존의 시스템은 예측 가능한 상황에서 그 기능을 온전히 발휘할 수 있는데, 원전 사고는 그 예상의 범위를 훨씬 뛰어넘는 시나리오 밖의 현상이었다.

거의 모든 행동 양식이 규범화되어 있고, 모든 사람이 그 제도화된 규범을 지켜야만 한다는 사회의식이 확고하게 정립된 일본에서, 따라야 할 제도적 시스템이나 지켜야 할 매뉴얼이 없는 상황이 발생한 것이다. 너무나 잘 짜인 제도와 시스템은 오히려 갑작스러운 예상 밖의 상황 변화에 대처할 수 있는 융통성을 저해한다. 유연한 대처 능력의 부족을 느낀 일본이 노장사상에 관심을 기울이기 시작한 이유가 바로 이것이다.

역사적으로 규범과 형식을 중시하는 성리학 영향이 상대적으로 컸던 우리나라에서, 제도나 시스템의 역할보다 오히려 자의적 판단의 융통성이 요구되는 경우가 많다는 것은 역설적이다. 필자도 직장 생활을 하면서 매뉴얼로 일을 배워본 기억은 거의 없다. '빨리빨리' 문화에 맞는 효율적 방법일 수도 있겠지만, 시스템이 아닌 개인적 능력이나 판단에 의존한 프로세스는 그 효율성만큼이나 오류의 가능성이 크다. 오류가 발생하는 경우, 그 오류를 치유하기 위한 비효율이나 비용이 훨씬 큰 사례도 비일비재하다. 시스템이 없는 자의적 의사결정 프로세스는 장기적인 효율성을 기대하기 어렵다.

우리나라도 그동안 많은 분야에서 시스템을 만들고 체계화하는 노력을 기울여왔지만, 아직도 군데군데 빈틈이 보인다. 시스템이 만들어져 있다 하더라도, 그 시스템이 제대로 작동하기 위해서는 정해진 프로세스를 반드시 따라야 한다는 사회적 인식도 필요하다. 물론 시스템으로만 돌아가는 사회나 조직은 있을 수 없다. 더구나 일본처럼 오히려 시스템의 경직된 틀을 벗어나려는 노력이 필요한 사회도 있다.

COVID-19 팬데믹으로 연기된 2020년 도쿄 올림픽을 앞두고 일본은 성공적인 대회 개최를 위해 온 힘을 다해왔다. 1964년 도쿄 올림픽이 2차 세계 대전 패망의 아픔을 딛고 일어선 일본의 경제 부흥을 전 세계에 알린 부활의 축제였듯, 이번 올림픽도 동일본 대지진의 후유증을 극복하고 일본의 힘을 증명할 재건과 부흥의 제전이라고 홍보해왔다. 여러 환경단체나 사회단체에서 후쿠시마 원전 사고로 인한 방사능 피폭 가능성을 제기하고 있지만, 아무런 문제가 없다는 주장만 되풀이한다. 오히려 후쿠시마 농수산물을 올림픽 참가 선수단에 식자재로 제공하겠다고까지 한다.

연간 방사선 노출 허용 기준도 20배 이상 멋대로 올리며 대회의 안전성 홍보에 열을 올렸다. 가장 중요한 방사능 오염 지도조차 없다. 이런 상황이다 보니, 외부에서는 일본이 올림픽을 이용한 역사 세탁을 하고 있다는 비판을 하기도 한다. 그러나 신기하게도 일본의 일반 시민들은 물론, 학자나 전문가들도 입을 다물고 있다. 정보 공유가 투명하게 이루어지고 있지 않은데다가, 국민의 순종적 성향이 사회 이슈에 대한 다양한 의견 표출을 억누르고 있다. 일본의 통제된 국가 시스템이 그렇게 작동한다.

아무리 시스템이 잘 만들어져 있고 모든 구성원이 그 시스템을 잘 따른다고 하더라도, 시스템의 오류에 빠지면 소용이 없다. 급변하는 환경에 적절히 대응할 수 있는 시스템의 개선이 지속되어야 한다. 그러기 위해서는 다양한 의견이 충분히 보장되고 수렴되는 융통성이 발휘될 수 있어야 한다. 성실히 지켜지는 시스템 위에서 다양한 유연성이 발휘될 때 비로소 시스템 경영의 성과를 기대할 수 있다.

윈윈의 협상 기술을
발휘하라

경영은 협상의 연속이다. 고객과의 거래나 인수 합병 등 외부관계자와 관련된 이슈뿐만 아니라, 노사 문제와 같이 내부 당사자 간 불협화가 존재하는 모든 경영의 중요한 의사결정 과정이 협상이다.

협상의 사전적 정의는 '타결 의사를 가진 둘 또는 그 이상의 당사자 사이에 양방향 의사소통을 통해 상호 만족할 만한 수준으로의 합의(agreement)에 이르는 과정'이다. 따라서 협상은 일방적인 강압에 의한 해결을 의미하지 않으며, 이기고 지는 승부의 대상은 더더욱 아니다. 협상관계자의 이해가 조율되어 최적의 타협점을 찾아가는 소통의 과정이다. 그래서 권력의 공개적인 사용이 배제되지 않는다면 협상이라고 할 수 없다. 각자 자신의 입장에서 가능한 최대의 이익을 고집할 때 의견의 불일치가 발생하며 분쟁이 생긴다. 협상은 상대방의 입장을 이해하며 상호이익(mutual benefit)의 증진을 추구함으로써 불협화의 적대적 대립관계를 해소할 수 있다. 가장 바람직한 '윈윈(win-win)'의 결과는 바로 협상의 목적이다.

존 내쉬(John Forbes Nash, Jr.)가 개발한 게임이론인 내쉬균형(Nash Equilibrium)은 상대 전략을 전제로 자신의 이익을 최대화하는 전략을 선택함으로써 형성된 균형 상태를 말한다. 내쉬균형을 설명할 때 자주 등장하는 예가 '죄수의 딜레마(prisoner's dilemma)'다. 두 용의자가 모두 범죄를 부인하면 두 명 다 가장 가벼운 형량을 받게 되는 최선의 선택이 있음에도 불구하고, 상대방이 자백할 경우 자신에게 돌아올 불이익 때문에 침묵하지 못하고 자백을 선택하게 된다. 결국 내쉬균형은 둘 다 자백하고 훨씬 무거운 형벌을 받는 결과로 이어진다. 이 균형은 상대방의 효용 감소 없이도 자신의 효용을 증가시킬 수 있는 파레토 최적(Pareto Optimum)으로 이어지지 않는다. 단지 자신에게 주어질 불이익을 최소화하는 선택을 할 뿐, 자신을 포함한 모든 관계자들의 이익 최적화를 위한 의사결정은 이루어지지 않는다.

		용의자 B	
		자백	침묵
용의자 A	자백	A : 5년 징역 B : 5년 징역	A : 10년 징역 B : 석방
	침묵	A : 석방 B : 5년 징역	A : 석방 B : 석방

죄수의 딜레마

이해 당사자들의 총체적 이익의 개선을 위한 대안이 있음에도 파레토 최적의 선택을 하지 못하는 이유는 소통과 신뢰의 부족에 있다. '죄수의 딜레마'는 두 용의자가 서로 만나 의견을 나눌 수 없는 격리 신문과 단 한 번의 선택 기회가 전제 조건이다. 따라서 두 용의자는 서로 의견을 조율하고 타협점을 찾는 협력의 프로세스가 없다. 또한 선택이 한 번뿐이므로 향후 불이익을 만회할 다음 기회가 없다. 상대방에 대한 신뢰로 선택을 결정하기에는 위험이 너무 크다.

협상은 파레토 최적을 이루는 의사결정 과정이다. '죄수의 딜레마'에서 결여된 소통과 신뢰를 바탕으로 한 협상은 통합적 상호이익의 개선을 이루어낼 수 있다. 그러나 '윈윈'의 결과를 얻기 위한 성공적 협상을 위해서는 반드시 지켜야 할 필수 조건들이 있다. 그

첫 번째 조건은 '듣기'다. 많은 문제가 상대방 입장을 이해하지 못해서 발생한다. 상대방 주장이 어떤 근거와 취지에서 나오는 것인지 이해하기 위해서는 우선 들어야 한다. 그러나 자기 주장만 되풀이하며 듣지 않는 경우가 다반사다. 그러다 보면 점점 언성이 높아지고 화가 나 종국에는 상대방을 무시하고 비하하는 막말을 쏟아내고 만다. 협상은 당연히 결렬이다.

듣기는 소통의 첫걸음이다. 듣기는 견해의 차이가 무엇이고 어디에서 발생하는지를 명확히 하는 작업으로, 오해로부터 발생하는 불협화를 제거하는 공통 기반을 마련한다. 무엇이 다른지를 분명히 정의하지 않고서는 그 차이를 해소할 수 있는 방법을 찾기란 불가능하다.

듣기를 통해 차이가 정의되면, 협상의 최종 목적인 '윈윈'의 결과를 얻기 위해 그 차이를 메꾸는 방법을 찾아야 한다. 이 과정은 양보를 필요로 한다. 일방 이익의 극대화는 상대방의 동의도 얻을 수 없을뿐더러 최상의 '윈윈' 결과를 만들어내지도 못한다. 반드시 지켜야 할 원칙을 벗어나지 않는 한, 다양한 대안 제시와 절충의 노력이 요구되는 이유다. 양보는 배려다. 상대의 입장에서 서로를 배려할 때 양보의 이유와 동기가 발견된다. 양보는 손해가 아니다. 파레토 최적을 만들어내는 현명한 방법이다.

1958년 제임스 딘이 주연한 미국 영화 〈이유 없는 반항(Rebel without a cause)〉에서 영화 속 주인공 짐과 버즈는 누가 절벽 끝에서 더 가까운 곳까지 차를 세우지 않고 달려가는지 경쟁하는 담력 게임을 한다. '치킨게임(chicken game)'이다. 결국 버즈는 절벽에서 떨어져 허망하게 목숨을 잃고 승자는 아무도 없다. 영어 'chicken'은 겁쟁이라는 뜻이 있다. 치킨게임의 패배자는 겁쟁이라는 오명을 쓰고 불명예를 안는다. 상대방의 양보만을 강요하며 갈 때까지 간다. 자존심을 건 무모한 경쟁이다.

협상에서도 치킨게임이 벌어진다. 양보란 있을 수 없고, 둘 중 하나는 백기를 들고 투항해야 끝이 난다. 이긴 쪽은 완벽한 승리의 기쁨에 젖어 패배한 상대방을 내려다보며 모든 것을 가진 듯 승리의 깃발을 휘날린다. 그러나 협상은 자존심 싸움이 아니다. 완전한 승리를 거둔 승자와 완전한 패배를 인정해야만 하는 패자가 윈윈의 협상 결과일 수는 없다. 협상에서 졌다고 생각하는 상대방은 언젠가는 그 패배를 만회하고 승자에 일격을 가하겠다는 복수심에 치를 떤다. 어쩔 수 없이 잘못된 협상의 결과를 받아들일 수밖에 없었던 상황을 원망하며 어떻게든 이 치욕을 되갚을 생각만 가득하다.

패자의 복수심은 언젠가 칼날이 되어 승자에게 큰 피해로 되돌아올 수도 있다. 치고받는 진흙탕 싸움이 된다. 필자도 누군가 먼저 쓰러질 때까지 가는 막장 협상을 한 경험이 있다. 일방적인 승리라고 자만했던 협상에서 얻은 것은 상대방과의 관계 상실뿐이다. 신뢰할 수 있는 협력 파트너로 서로에게 도움을 주며 함께 성장해나갈 수 있는 상생의 관계는 이러한 막장 협상 후 적대적 관계로 변화된다. 시장의 평판은 누구와도 협력관계 형성을 어렵게 하고 외톨이가 된다. 관계 상실은 치킨게임으로 얻어냈다고 과시했던 이익보다 훨씬 큰 비용을 치르게 되는 나쁜 협상의 가장 나쁜 결과다.

바람직한 협상은 이해관계자 모두가 이겼다는 생각을 갖는 협상이다. 패배자는 없다. 잘 된 협상은 서로 조금씩 양보할 때 가능한 윈윈의 협상이다. 성공적 협상의 가장 중요한 열쇠인 상생의 관계 유지가 가능해진다. 상대방을 배려할 때 협상 참여자들의 통합적 만족은 훨씬 더 커진다. 제로섬 게임이 아니라 플러스섬의 게임이 되는 것이다.

훌륭한 리더는 좋은 협상을 이끌 수 있는 자질을 갖추어야 한다. 소통의 능력은 부단한 경청의 노력을 통해 길러진다. 경청은 태도다. 협상 과정에 임하는 리더의 자세와 태도의 진정성은 경청의 환경을 만든다. 미리 정해진 결론을 고집하는 태도는 협상 상대방의 경청을 방해한다. 상호이익의 개선을 위해 어떤 대안도 논의할 수 있다는 열린 자세는 상대방의 주장을 경청하게 할 뿐 아니라 상대방의 경청도 이끌어낼 수 있다.

사안에 대한 지식은 협상 참여도를 높여 효율적 협상을 가능하게 하는 필수 요소다. 협상을 이끄는 리더는 최대한 많은 정보를 습득하고 체화하는 노력을 기울여야 한다. 리더는 누구보다 많이 아는 사람이어야 한다. 협상은 짜인 시나리오대로 움직여주지 않는다. 상황 변화에 따른 적절한 대응이 필요하다. 대안의 변화가 어떤 영향을 초래하는지 그 자리에서 판단할 수 있는 순발력은 지식에서 나온다. 준비된 리더라야 가능하다. 아랫사람들이 가지고 오는 대본대로 읊조리는 리더가 협상을 지휘할 수는 없다. 대본과 다른 상황이 발생한다고 협상을 중단할 수는 없지 않은가? 많이 알아야 어떤 대안이 가능한지, 어떤 부분을 양보해야 하는지 판단할 수 있다.

대인관계 기술(interpersonal skill) 역시 좋은 협상을 이끄는 중요한 리더의 능력이다. 그 핵심은 의사 전달 능력과 설득력이다. 불필요한 문제를 야기하는 오해의 소지를 없애는 필수 능력이다. 설득은 강요가 아니라 공감이다. 서로에 대한 이해로 양보와 배려의 통로가 되어 파레토 최적에 이르는 협상의 결과를 기대할 수 있다. 모두가 승리하는 협상의 리더를 바란다.

*

Positive System에서
Negative System으로

　법 제도를 포함한 사회 전반적인 체계의 차이는 그 구성원들에 대한 믿음의 차이이다. 믿음이 없는 사회는 규제 대상 행위의 범위를 가능한 한 넓히려 애쓴다. 구성원들을 신뢰할 수 없다 보니, 세세한 부분까지 바라는 행동 양식을 정의하고 통제하려 한다.

　사회 구성원들의 건전한 양식을 믿고 일일이 지시하고 통제하지 않는다고 하더라도 그 사회가 지지하고 인정하는 가치관에 따라 행동할 것이라는 기본적 믿음이 있다면, 구태여 구성원들의 행동을 세세하게 규제해야 할 이유가 없다. 사회가 받아들이고 있는 규범을 벗어나는 행동에 대해 강력한 책임을 물을 뿐이다.

　전자처럼 구성원들에 대한 불신이 전제된 사회의 법체계는 다분히 열거주의(positive system)적이다. 원칙적으로 모든 것을 금지하고 예외적으로 규제되지 않는 사항을 나열하는 것이다. 반면, 후자처럼 구성원들에 대한 믿음이 전제된 사회는 포괄주의(negative system)를 따를 수 있다. 원칙적으로 모든 것을 허용하되, 예외적으로 금지된 사항을 나열할 뿐이다.

최근 정보통신융합법, 금융혁신지원법과 같은 규제 혁신 입법을 통해 ICT나 금융분야에서 규제 샌드박스가 도입됨으로써 기존 규제의 틀을 벗어난 혁신 아이디어가 실현될 수 있는 환경이 마련되는 등 많은 변화가 있는 것은 사실이나, 아직도 우리나라의 법규정 체계는 대부분 보수적 포지티브 시스템(positive system)의 성격이 강하다.

얼마 전, 미국 실리콘밸리에서 벤처투자 회사를 운영하는 지인 소개로 비상장 주식의 온라인 트레이딩 플랫폼을 제공하는 핀테크(FinTech) 업체에 투자할 기회를 얻었다. 최근 미국의 시장 유동성이 워낙 풍부한 상태가 이어지다 보니, 비상장사들의 시장공개(IPO)가 늦춰지고 투자자들의 투자 자산 유동성이 제한되는 상황이 발생하게 되었다. 이런 시장 환경이 이 핀테크 회사의 새로운 사업 기회가 되었고, 시장 가치 10억 불 이상으로 인정되는 소위 유니콘(unicorn) 비상장 기업들의 기업 공개 전 주식 거래를 온라인으로 가능하게 하는 시스템을 만들어 출시했다.

동사는 기업 성장을 뒷받침할 자본 증자를 추진하기로 했고, 마침 동사의 자문그룹에 참여하고 있는 지인이 개인적인 증자 참여 기회를 주었다. 기업 검토 후 회사의 미래 성장 가능성에 대한 확신이 생긴 필자는 투자를 결정하고 실행 절차를 진행하기로 했다. 향후 동사의 신기술과 혁신적 아이디어를 한국 시장으로 확대 적용할 가능성까지 생각할 때, 이번 투자 기회에 대한 기대는 매우 컸다.

문제는 일정 금액 이상의 해외 비상장 주식 투자는 사전신고를 요하고 있는 외국환거래법상 신고 절차에서 발생했다. 당초 요구되었던 투자 금액이 외국환거래법상 사전신고를 요하는 기준 금액 이상이었고, 사전신고를 위해 필요한 정보를 주어진 양식에 따라 수집해야 했다.

증자 프로세스를 진행하던 주간사는 자세한 기업 정보를 온라인 데이터룸(virtual data room)에 올려 투자자들이 찾아볼 수 있도록 한다. 투자 타당성 검토에 필요한 주요 정보는 거의 모두 제공되고 있던 터라, 사전신고서 작성은 문제없을 것으로 생각했다.

그러나 결국 사전신고를 포기했다. 사전신고서 작성을 위해 필요한 정보를 모두 찾아내지 못했기 때문이다. 데이터룸에 올라와 있는 많은 데이터를 뒤지고도 신고서 양식에 딱 맞는 모든 정보를 찾는 일은 불가능했고, 사전신고서 작성을 끝내지 못했다.

데이터룸에 제공되어 있지 않은 정보를 알아내기 위해 주간사 앞으로 여러 번 메일도 보내고 연락도 취해봤지만, 그런 자료가 왜 필요한지 모르겠다는 조소 섞인 답만 들었을 뿐이다. 다른 투자자들이 이미 충분한 규모의 증자 참여를 약속한 상황에서 굳이 한국의 소액 개인 투자자 한 사람을 위해 시간을 쓰는 것은 전혀 효율적이지 못하다고 생각했을 것이다.

처음 투자를 제안했던 지인을 통해 투자 금액을 사전신고가 필요 없는 금액이하로 줄여 가까스로 투자를 실행할 수 있었지만. 당초 계획하고 원했던 바와는 차이가 컸다. 과거에 비해서 외국환 거래의 자율성이 높아진 것은 사실이나, 아직도 많은 제약이 있는 것도 사실이다.

신고도 허가에 비하면 자율성 측면에서 큰 개념적 변화임에 틀림이 없으나, 신고가 사전신고라면 현실적으로는 허가와 크게 다르지 않다. 여기에는 신뢰의 문제가 개입되어 있다. 과거 외환보유고가 한국 경제의 안정성을 가늠하는 매우 중요한 척도가 되었던 상황에서 많은 외화 불법 유출 사례를 경험한 정부는 외환거래의 적법성과 타당성을 하나하나 따져봐야 할 충분한 이유가 있었다. 그래서 일단 의심하고 일일이 허가하고 신고를 받아볼 수밖에 없었을지도 모르겠다.

그러나 이제는 믿어도 된다. 사상 최대 수준의 외환보유고를 기록하고 세계 10대 경제 강국으로 부상한 한국의 위상과 한층 높아진 보편적 한국인의 도덕성과 정직성을 감안한다면, 이제는 자율성에 무게를 두어도 된다. 대신 엄격한 책임을 부과하면 된다.

믿음은 선순환 구조를 만들어낸다. 우리 스스로를 부정적으로 볼 이유가 전혀 없다. 이러한 믿음과 신뢰가 법 제도로 투영되면 창의적인 사회가 만들어질 수 있다. 자율과 창의는 사회적 가치 창출의 기틀이며, 사회적 가치가 커지는 만큼 구성원인 국민의 행복도 커진다. 기업도 마찬가지다. 구성원들에 대한 믿음은 조직의 역동성을 높인다. 구성원들의 자율성을 존중하는 포괄주의적 접근은 책임 있는 자기 주도적 발전의 토대를 만들어낼 수 있다. 네거티브 시스템이 발휘하는 포지티브한 영향력을 기대해본다.

인력 활용의 포용성, 경험은 소중하다

2020년 6월 기준 청년 실업률은 10.7%로, 청년 실업자 수가 45 만 명을 넘어섰다. COVID-19 대유행이 고용 위축으로까지 이어지게 되면, 청년들의 일자리 구하기는 더욱 힘들어질 것 같다. 청년들이 느끼는 체감 실업률은 관련 통계 작성 역사상 가장 높은 수준인 25%를 넘어섰다고 한다. 금융위기 직후인 2008년 10월부터 2009년 6월까지 청년 실업률이 7.9%였던 점을 고려하면 청년 고용 문제가 얼마나 심각한 수준인지 가늠할 수 있다. 취업 한파가 매섭기 그지없다.

20대 청년층의 경제 활동 참여는 대한민국의 미래 경쟁력과 삶의 질 향상을 결정하는 너무나도 중요한 요소다. 청년들의 꿈과 희망을 실현할 기회가 제한된 사회는 미래 경쟁력을 잃을 수밖에 없다. 청년 실업 문제가 장기화되면 국가의 미래를 이끌고 나갈 인적 자본의 축적이 이루어지지 않고 국가 경쟁력은 상실되어 다시는 회복되지 않는 '이력현상(hysteresis)'이 나타나게 된다. 청년들의 활발한 경제 활동 환경 조성은 무엇보다 중요한 국가 발전의 필수 조건이다.

이렇듯 청년 실업 문제가 사회적 이슈로 부각되고 여러 대책이 등장하고 있지만, 그다지 큰 정책적 관심을 받지 못하고 있는 문제가 중장년 실업 문제다. 2020년 6월 기준 50세 이상 59세 이하 고용률은 74.5%[21]대로, 75%를 밑돌고 있고 실업률도 2% 후반대에 이르고 있다. 2018년에는 55~64세 사이 중장년 실업률이 외환위기 이후 18년 만에 처음으로 미국을 넘어섰다. 경제 성숙도가 높고 경영 참여율이 높은 선진 국가의 경우, 여성이나 장년층의 취업 의지가 높아 실업률에는 오히려 부정적인 측면이 많은 점을 고려하면, 우리나라의 중장년 실업률이 미국을 추월한 것은 그 심각성이 크다. 중장년층의 경제 활동 기회는 단순한 노령 빈곤층 해소 차원을 넘어서 사회 가치 향상 및 국가 경쟁력 유지에 중요한 부분이기 때문이다.

산업별 고용 추이를 보면 더 고민스럽다. 고용률이 증가는 사회복지, 농어업 분야에 치중된 반면, 제조업 고용 비율은 오히려 최

---

21. 통계청 KOSIS

근 수년째 하락 추세다. 금융산업도 다르지 않다. 매년 12월 말이 되면, 한창 일해야 할 많은 50대 중반 직원들이 비자발적 퇴직으로 대책 없이 쏟아져 나온다. 퇴직을 피할 수 없음을 예견한 직원들은 퇴직 전 2~3년간은 퇴직 후에 대한 고민으로 일에 집중할 수가 없다. 어쩌면 예정된 퇴직을 앞두고 열정과 동기를 기대하는 것도 무리일 것이다.

기업, 특히 은행의 많은 직원이 50대 중반이면 명예퇴직·희망퇴직으로 자의 반, 타의 반 직장을 떠나고 있다. 이름은 명예퇴직이지만 정작 누구의 명예인지 알 수가 없다. 본질은 강제퇴직이다. 희망퇴직도 희망하지 않는 직원들의 퇴직을 강요하는 구실이 될 뿐이다. 현재 대부분 기업들이 임금피크제를 도입하고 있지만, 고용 안정, 고령 인력 활용이라는 제도의 취지가 무색하다. 일본의 '시니어 사원제도'와 유사한 제도로, 근로자가 일정 연령에 도달하면 임금을 낮춰 조정하는 대신, 정년을 보장하거나 정년 후 고용을 연장하는 제도다. 60세 이상 정년이 법제화되면서 기업의 인건비 부담을 줄이는 대신, 근로자에게는 정년을 보장해주는 새로운 사회 보장의 역할을 기대할 수 있다.

그러나 현실은 임금피크제도가 조기 퇴직 강요의 구실이 되었다. 근무 기간 연장이라는 제도의 설립 취지와는 달리 실질적으로는 근무 기간 단축 제도로 운용되는 셈이다. 예상치 못한 아이러니다. 물론 조직의 활력을 유지해나가고 젊은 후배들에게 더 많은 기회를 만들어주기 위해 선배들의 용퇴가 요구되는 면도 있을 수 있다. 선배들이 길을 비켜줘야 승진의 기회가 생기는 젊은 후배들 입장에서는 안타깝지만, 윗분들의 양보가 절실하다.

하지만 20~30년간 쌓아온 전문성과 경험도 같이 사라진다는 점에 주목해야 한다. 그나마 퇴직자의 전문성과 경험을 공유할 수 있는 대안으로 재채용 프로그램 등을 시행하는 경우가 있으나, 그 기회는 극히 제한된 소수에 국한될 뿐, 대부분의 조기 퇴직자들은 반평생을 바쳐 쌓아온 노하우와 경험을 추억으로 묻어둔다. 오직 한 직장만을 평생직장으로 살아온 세대에게 50대 중반 나이에 새로운 기회의 모색은 어색하고 어려운 일일 뿐 아니라, 시장에 기회도 없다. 비슷한 처지의 기업들이 조기 퇴직을 시행하면서 새롭게 중장년 근로자를 채용하는 기회는 찾기 어렵다.

그들의 지식·기회·경험은 소중한 자산으로, 버려진다면 너무나 아까운 사회적 비용이다. 재능 기부의 형태로라도 어떻게든 활용 가능한 자산으로 살려내는 노력이 필요하다. 먼저 임금피크제가 조기퇴직제로 활용되는 편법을 바꾸고 제도 설립의 취지를 살려야 한다. 어차피 그들을 내보내기 위해 회사가 지급하는 명예퇴직금을 고려하면 고용 유지 시에도 회사의 비용 측면에서는 거의 차이가 없다. 정년이 법으로 보장되어 있는데도 임금피크에 들어가는 직원들 거의 전부가 명퇴를 신청하는 이유는 임금피크 기간 동안의 금전적 보상과 비교해 명퇴금이 충분하기 때문이다. 임금피크 직원 전부를 다 내보내고 싶은 조직과, 남아 있을 경우 후배들 앞길을 막는 꼰대라는 눈치를 감내해야 할 노장 직원들의 이해가 맞아떨어지는 보상 수준이 명퇴금으로 주어진다. 명퇴의 조건으로 임금피크 기간 동안의 급여를 현재 가치로 미리 지급한 셈이다.

그렇게까지 하면서 임금피크에 해당 직원들을 굳이 다 내보내려고 하는 이유는 그들의 사기 저하와 동기부여의 어려움, 조직 분위기 저해 때문이라고 한다. 그러나 임금피크 직원들의 역할과 기여를 이끌어낼 수 있는 여러 방안은 얼마든지 있다. 동기부여를 위한 방안은 만들지 못하는 것이 아니라 안 하는 것이다. 후배 직원들의 승진 기회와 직원 신규 채용의 여지를 만들어야 한다는 명분이 오랜 경험과 지식의 효율적 활용 필요성을 앞선다.

한국 기업들의 고착화된 연공서열식 문화 때문이든, 경영진의 의지 결여 때문이든, 제대로 도입이 이루어지지 않고 있는 직무 성과급제의 적용이 임금피크 직원들에게는 충분히 활용될 수 있다. 권한과 직무가 직위에 연결된 것이 아니라, 직위와 관계없이 전문성을 살릴 수 있는 직무를 부여하고 직무 수행 성과에 따른 보상은 모티베이션을 얼마든지 끌어낼 수 있다. 또한 그들이 조직 내 기여할 수 있는 기회를 계속 갖는다고 해서 신규 채용을 줄일 이유도 없다. 직무가 직위와 연계되지 않으므로 후배들의 승진 기회도 박탈되지 않는다. 오히려 노동 유연성이 생겨 사외의 취업 기회도 많아질 수 있다.

또한 중장년 퇴직자들의 경험을 활용할 수 있는 플랫폼을 만들 필요가 있다. 전문가 도움이 필요한 중소기업이나 조직 시스템을 제대로 갖추지 못한 스타트업들을 지원할 수 있는 컨설팅 네트워크 설립도 좋은 아이디어가 될 수 있다. 중장년 퇴직자들이 참여해서 그들의 전문성을 살려 경영 전략 수립이나 마케팅 지원을 포함한 기업 운영에 큰 도움을 줄 수 있다. 청장년 세대 융합 창업 지원도 바람직한 중장년 인력 활용 방안이다. 청년들의 혁신적 아이디어와 장년의 풍부한 경험이 합쳐져 창업의 성공 확률을 높이고 새로운 사회 가치를 창출해낼 수 있다. 이런 인프라 형성에 필요한 투자나 지원에 기업들이 훌륭한 조력자 역할을 해야 한다.

고령화가 급속히 진행되고 있는 상황에서는 가까운 장래에 중장년 실업 문제가 청년 실업 문제보다 더 심각한 사회 문제가 될 수 있다. 지금부터라도 매년 쏟아져 나오는 신중년 근로자들의 지식 가치가 사장되지 않도록 하기 위한 사회 전체적인 노력과 협의가 필요하다. 당장 현안을 해결할 수 있는 편한 방법이 아니라. 불편하고 어렵지만, 조직의 미래 경쟁력의 지속 가능성을 확보할 방법을 추구하는 최고경영자들의 노력이 필수적으로 요구된다.

2.
조직 거버넌스의
정립

*

_____

ESG 투자,
착한 기업만이 살아남는다

　사회 및 경제 이슈 해결을 위한 기업들의 역할이 부각됨에 따라, 기업과 투자자들의 ESG에 관한 관심이 커지고 있다. ESG란 환경(Environment), 사회(Social), 지배구조(Governance)의 비재무적 기업 요소를 뜻하는 말로, 지속 가능한 기업의 사회적 책임의 의미로 해석될 수 있다. 좀 더 넓은 의미에서는 공헌적 차원의 사회적 책임(CSR, Corporate Social Responsibility)을 넘어, 지속 가능한 수익을 추구하면서 동시에 사회적 공유 가치(CVR, Creating Shared Value)를 창출해내는 기업의 역할을 의미한다.

　CVR은 하버드대학교의 마이클 포터(Michael Porter) 교수가 2011년 《하버드 비즈니스 리뷰》를 통해 발표한 개념으로, 기업 이익의 사회 환원이라는 차원의 책임은 지속 가능하지 않으며, 기업과 사회의 공생관계 속에서 기업 가치의 창출이 사회 가치를 만들어내는 공유 가치를 강조한다. ESG란 단지 기업이 실현한 이익 일부를 사회에 기부하는 공헌 활동이 아니라, 기업의 경제 활동이 수익을 만들어내는 과정에서 환경·고용·산업안전·건강·공정경쟁 등 다양한 사회 이슈를 해결하고 동시에 사회적 가치를 창출해낼 수 있는 필수 요소다. 기업의 목적을 경제적 이윤 활동과 사회적 가치 개선을 같은 방향으로 정렬할 수 있게 하는 투명한 지배구조가 중요한 전제 요건이 됨은 두말할 나위가 없다. 기업이 사회 공유 가치 구현을 위해 지켜내야 할 경영 원칙의 필수적 비재무 요소라고 할 수 있는 것이다.

투자 환경 또한 기업의 경제적 이익뿐만 아니라 사회적 가치 창출에 대한 중요성에 더욱 집중하는 방향으로 바뀌어가고 있다. 투자 대상 기업의 ESG에 대한 요구가 커지면서 소위 'ESG 투자'라고 불리는 사회 책임 투자나 지속 가능 투자의 시장 규모는 급속도로 증가했다. 기업의 재무적 성과만을 평가하는 과거 전통적 투자 평가 방식에서 벗어나, 기업의 비재무적 요소인 ESG의 수준을 고려해 장기적인 투자 가치를 평가해서 투자를 결정하는 새로운 패러다임이 자리 잡고 있다.

전 세계적으로 ESG 투자 시장 규모는 2018년 말 기준 30조 달러를 넘어섰다. 2014년 이후 매년 14% 이상 성장해왔다. 미국 자산운용사의 경우, ESG 투자 자산은 2012년 1조 4,000억 달러에서 2018년 12조 달러로 급속한 성장을 이루었다. ESG 투자에 관한 관심을 고조시킨 COVID-19 사태는 동 투자 자산 규모를 45조 달러 이상으로 증가시킬 것으로 예상된다. 우리나라도 예외가 아니다. 투자 관점이 기업의 공유 가치로 점차 전환되면서 ESG 투자 생태계가 형성되기 시작했고, 2015년 7,000억 원 수준에 불과하던 ESG 투자 시장 규모는 2018년 2조 7,000억 원을 넘어섰다. 국민연금은 책임 투자형 국내 주식 투자에 5조 원 넘는 기금을 위탁 운용하고 있는데, ESG 평가 요소를 강화한 벤치마크 지수를 개발하는 등 사회 책임 투자를 지속적으로 확대해나가고 있다.

이제는 이윤만을 목표로 삼는 기업은 지속 성장을 위한 투자 지원이나 제대로 된 기업 가치 평가를 받기 힘들어졌다. 환경을 해치고, 공정한 경쟁을 저해하고, 지배구조가 투명하지 못한 기업은 지속 가능성을 잃고 도태될 뿐이다. 기업의 지속 가능성은 단기적 재무 성과에 있는 것이 아니고, 사회와 더불어 공유 가치를 창출해내려는 의지와 노력에 있는 것이다.

특히 COVID-19 팬데믹 이후 기업의 지속 가능성 차원에서 ESG 투자에 관한 관심은 더욱 커지고 있다. 실제로 COVID-19 이후 ESG 투자가 시장 수익률을 크게 웃돌면서, 투명한 지배구조 아래 환경과 사회를 생각하는 '착한 기업'에 대한 투자 수요는 급격히 늘고 있다. JP모건은 최근 발표한 보고서[22]에서 COVID-19 팬데믹을 21세기 최초의 '지속 가능성 위기(Sustainability Crisis)'로 정의하고, 투자 의사결정권자들이 투자의 우선순위를 ESG로 확실히 바꾸는 기폭제가 되었다고 단언한다. 세계 대전, 대공황, 글로벌 금융위기를 뛰어넘는 전대미문의 파괴적 영향을 미친 COVID-19는 기후 변화와 같은 예측하지 못하는 미래 위험을 고려한 새로운 관점의 투자 전략 요구를 가속화하고 있는 가운데, ESG 요소 준수 여부가 위험을 대응하는 기업의 구조적 회복 탄력성을 결정하기 때문이라는 것이다.

설문에 응한 50대 글로벌 자산운용사의 대부분이 COVID-19로 인해 ESG 투자에 대한 적극적 관심이 확대될 것이라는 점에 동의했다. 과거의 예측 모델을 적용할 수 없는 비선형적이고 복잡다단한 불확실성에 대응하기 위해서는 기업의 ESG 요소에 대한 평가가 투자 결정의 매우 중요한 기준이 된 것이다. 시장의 이러한 급격한 변화는 많은 기업이 새로운 ESG 투자 시대를 준비하는 계기가 되고 있다.

오래전부터 사회적 가치(Social Value)를 기업 존속의 가장 중요한 요소로 삼고 기업 활동 방향을 재무적 성과와 사회적 가치 창출의

---

22. JP Morgan Research, "Why COVID-19 Could Prove to Be a Major Turning Point for ESG Investing", July 1, 2020.

조화 관점에서 설정하려고 노력해온 SK그룹은 ESG의 중요성을 누구보다 먼저 인식하고 경영 원칙에 반영하고자 고민해온 대표적 기업이다. 그룹의 투자 의사결정 과정에서 사회적 가치를 계량화해서 측정하고, 미래 투자 수익 추정과 동일한 수준의 비중으로 검토한다. 동시에 그룹 구성원들의 행복 추구는 경영 목표의 또 다른 중요한 축이다. 새롭게 단장한 본사 건물은 마치 공유 오피스 개념의 스타트업 회사 분위기가 물씬 난다. 구성원들의 자율성과 창의성을 존중하고 장려하는 경영 철학의 반영이다.

SK는 그룹 내 사회적 가치(SV) 위원회를 설립해서 학계 전문가들과 협력해 사회적 가치 측정 방법으로 DBL(Double Bottom Line) 시스템을 개발하고, 측정 결과를 기존 재무제표와 동일한 수준으로 경영 평가에 반영하기 시작했다. 사회적 가치가 포함된 경영 평가는 구성원들의 성과 보상과 승진 등에 연결되는 것은 물론이다. '착하게 돈 벌기'라고 표현하는 사회 가치 추구 경영은 SK그룹의 신규 사업 전략의 핵심이 되었다. 사회 가치는 투자 의사결정의 최우선 고려 사항으로, '번 돈으로 사회 공헌을 얼마나 하느냐'가 아니라 '어떻게 착하게 벌고 더 좋게 활용하게 할 것이냐'에 대한 것이라고 설명한다.

점점 많은 기업이 '지속 가능 보고서'를 발표해 급변하는 환경 속에서 사회적 책임을 다하고 투명한 지배구조를 통해 지속 가능한 기업으로 성장하기 위한 전략들을 내놓고 있다. KB금융그룹은 환경·사회 책임경영과 좋은 지배구조 확산을 통한 지속 가능한 가치 창출과 고객 신뢰 제고를 그룹의 ESG 경영 목표로 세우고 'Green Leadership'의 포부를 밝혔다. 수차례에 걸쳐 국제자본시장협회(ICMA)의 지속 가능 채권 가이드라인에 따른 ESG 채권을 발행해 사회와 환경에 긍정적 영향을 미칠 수 있는 사회책임 투자와 금융지원을 수행함으로써 'KB Green Way 2030'을 실천하고 있다. 사회 공유 가치 창출을 통해 기업의 지속 가능성을 높이고자 하는 적극적인 경영 전략의 좋은 사례다.

기업은 주주, 내부 구성원, 사회의 모든 이해관계자를 위해 항상 안정적으로 성장해야 하는 존재로서, 사회적 가치에 기반한 기업의 투자 활동은 그 기업에 대한 ESG 투자자의 평가를 개선시키고 기업의 지속 가능성을 높임과 동시에, ESG 투자 생태계가 강화되는 선순환 고리를 만든다.

2020년 다보스포럼의 화두는 '이해관계자 자본주의(Stakeholder Capitalism)'였다. 지난 50년간 경제를 지배해온 '주주 자본주의(Shareholder Capitalism)'가 만든 소득 불균형의 사회 문제나 환경 위기의 부작용을 없애기 위해서는 주주뿐만 아니라 구성원, 소비자, 사회의 모든 이해관계자의 균형적 가치 증진을 위한 경영 원칙의 대전환이 요구된다. 눈앞에 보이는 재무적 성과에만 몰입한다면, 오히려 기업의 장기적 지속 가능성은 훼손될 수 있다. 컬럼비아 대학교의 조지프 스티글리츠(Joseph Stiglitz) 교수는 2020년 다보스포럼에서 기존의 주주 이익 극대화가 사회 전체의 복지로 이어지지 않는 한, 기업들의 책임 이행을 의무화하는 강력한 법체계가 필요하다고까지 주장했다.

건전한 상생의 기업 생태계는 무엇보다도 사회 공유 가치를 확고한 경영 원칙으로 세우고자 하는 최고경영자의 의지가 전제되어야만 가능하다. 그 의지의 흔들림을 붙잡아주고 견제할 수 있는 지배구조는 든든한 버팀목이다. 중요한 경영 의사결정이 기업 이해관계자 모두의 균형된 가치 증진의 방향으로 이루어질 수 있도록 투명하고 일관된 경영 원칙이 유지되어야 하며, 이사회를 포함한 기업의 의사결정 시스템은 이 경영 원칙을 지켜내야 할 확고한 책임이 있다.

경영자 개인이나 특정 이해 집단의 이익을 위해 사회 전체적인 이익을 저해하는 의사결정은, 결국 조직 구성원을 포함한 모든 이해관계자들의 미래 가치를 떨어뜨리고 기업의 존속은 장담할 수 없는 위험에 노출시킨다. 예측하기 어려운 변화와 불확실성의 시대를 도전하기 위한 기업의 ESG 책임을 올바로 인식하고 사회와 더불어 성장하는 '착한 기업'을 만들어나가는 능력과 강인한 의지야말로 미래가 요구하는 리더의 필수적 자질이 되어야 하는 이유다.

제이미 다이먼의 주주서한,
지속 가능 경영의 전제 조건

JP모건의 제이미 다이먼(Jamie Dimon) 회장도 매년 주주서한을 발표한다. 매년 4월경이면 연차보고서가 발표되고 'Dear Fellow Shareholders'라는 제목의 주주서한이 보고서 앞부분에 자리한다. 이 주주서한은 따로 전 세계 주주들과 시장 참여자들에게 이메일로 보내진다. JP모건의 주주는 대부분 연금, 뮤추얼펀드 등 대규모 기관 투자자들이긴 하지만, 최종적인 소유자는 연금이나 펀드에 가입한 선생님, 소방관, 경찰, 참전용사, 은퇴자인 개인들이라 할 수 있다. 다이먼 회장은 이들 100만 명에 달하는 직간접적 주식 소유자인 개인 주주들에 대한 막대한 책임을 통감하며 항상 최선을 다하고 있는 모든 구성원을 대신해 그들과 허심탄회하게 소통하는 것이다.

지난해 실적뿐만 아니라 현재 고민하는 모든 현안과 장기적인 조직의 발전 방향과 미션을 거리낌없이 터놓고 이야기하는 솔직함이

돋보이는 만큼, 다이먼 회장의 주주서한을 읽다 보면 마치 그와 얼굴을 맞대고 이야기하고 있는 듯한 느낌을 받는다. 사업보고서 수준의 많은 정보를 상세하게 담고 있다 보니 그 양이 수십 페이지에 달하기도 한다. 기껏해야 한 페이지 정도에 매년 그 내용도 유사해서 굳이 읽지 않아도 추측의 범위를 크게 벗어나지 않는 우리나라 금융회사나 기업들의 연차보고서 CEO 인사말과는 차원이 다르다.

주주서한이라고 하지만, 주주뿐만 아니라 조직의 구성원들에게 주는 중요한 메시지이기도 하다. 최고경영자가 믿고 추구하는 가치와 경영 철학을 공유하는 귀중한 소통이다. 이 주주서한을 통해 전 세계 JP모건 가족들이 함께 이루고자 노력해야 할 목표를 확인하고, 그 목표를 성취해나가는 과정에서 지켜야 할 가치관과 신념을 공감한다. 다이먼 회장의 주주서한은 그가 CEO가 된 2005년 이후 매년 빠짐없이 주주와 투자자, 조직 구성원들에 대한 진정한 소통의 채널로 충분한 역할을 해왔다. 매년 그의 서한을 배움의 기쁨으로 기다리게 되는 이유이다. 서한이 발표되자마자 기다리던 신상품을 언박싱하듯 설레는 마음으로 열독하는 습관도 생겼다.

수년간 그가 발표한 서한을 자세히 읽다 보면, 그가 반복해서 전달하고 싶어 하는 경영 원칙 몇 가지를 발견할 수 있다. 제일 먼저 눈에 띄는 원칙은 '정직성(integrity)'에 기반한 자기 성찰이다. 어떤 뛰어난 성과도 자랑만 하려고 하지 않는다. 그 성과가 가능했던 이유를 객관적으로 살펴보고, 조직의 내재된 역량과 경영진의 능력이 성과를 이루어낸 근본적 요인이었는지, 아니면 자발적 통제의 대상이 아닌 단순한 외부적 환경에 의한 것인지 냉철히 분석해낸다. 자신의 의지나 전략과 관계없는 시장 여건이 큰 노력 없이도 목표를 달성하게 하는 상황이었다면, 오히려 시장 변화를 제대로 반영하지 못한 목표가 잘못 설정되었던 것이지, 결코 축하받을 만한 성과가 아니라는 것이다.

성과 평가에서 목표의 달성 여부뿐만 아니라 다른 경쟁자들과 비교해 시장 지위에 어떤 변화가 있었는지 꼼꼼히 살펴보는 이유가 여기에 있다. 아무리 목표를 초과 달성했다 하더라도 다른 경쟁자들이 훨씬 더 훌륭한 성과를 냈다면 좋은 평가를 받아서는 안 된다고 주장한다. 'integrity'를 경영의 가장 기본적인 원칙으로 삼고 있기에 가능한 일이다. 작은 공이라도 어떻게든 자신의 능력과 자질로 치부하고 싶은 욕망은 결과의 본질을 호도한다. 문제의 핵심은 흐지부지 덮어지고, 조직의 지속 가능성은 저해된다. 정직성의 규율이 작동할 때 현실이 직시되고, 비로소 최적의 대응책이 마련될 수 있다.

목표를 달성하지 못한 경우에는 당연히 그 사실을 명확히 밝히고, 그 원인이 무엇인지 분석해 세세히 설명한다. 그 원인이 조직 내 문제라면, 어떻게 해결하고 개선해나갈 것인지 대안을 제시하고 이해관계자들의 동의를 구한다. 장기적인 경영의 방향을 재설정하고 실천 방안을 공개하는 과정을 통해 투자자들뿐만 아니라 구성원들에게도 조직 발전에 대한 든든한 신뢰를 쌓아간다.

또 한 가지 주목해야 할 원칙은 단기 업적주의의 배척이다. 단기 성과는 거시적인 장기 전략의 실행 과정에서 나오는 단편적인 결과물일 뿐, 만족해서 해이해지거나 실망해서 포기해야 할 대상이 아니다. 장기 목표 추구를 위한 전략 실행의 적합성을 점검하고, 때에 따라서는 장기 전략의 수정을 고민하는 계기로써 단기 성과를 바라본다. 조직을 '계속 기업(going concern)'의 관점에서 바라보며 지속 가능성을 확보하기 위한 장기적 노력을 가장 중요시한다는 점에서 경영을 장거리 경주에 비유하는 워런 버핏의 철학과 궤를 같이한다.

2020년 4월 발표된 다이먼 회장의 주주서한은 COVID-19가 세계적인 대유행(pandemic)으로 번진 상황에서 나온 만큼, 예년과는 다른 시각에서 경영의 방향과 가치관을 피력하고 있다. 전년도 경영 성과와 전략을 설명하는 대신, 근래 경험하지 못했던 위험 상황에서도 더욱 신뢰할 수 있는 기업으로서 고객, 투자자, 직원 등, 모든 이해관계자를 위해 어떤 역할을 수행해야 하는가에 관한 최고경영자의 신념을 공유하고 있다.

우선 개인 소비자들이나 기업들이 초유의 상황으로 겪고 있는 어려움을 슬기롭게 극복할 수 있도록 최대한의 지원을 약속했다. 인력 개발과 시스템 개선을 위한 꾸준한 투자를 지속해오고, 투명한 회계 정책과 리스크 관리를 고집해온 이유는 지금과 같은 예상치 못한 위험에 대응하기 위함이며, 폭풍의 소용돌이 속에서 이해관계자들을 위한 피난처가 될 준비가 되어 있어야 한다는 이야기다. 긴급 자금 지원, 대출금 만기 연장 등의 구체적인 지원 방안들을 세세히 열거하면서, 사회 전체의 안정화를 위해 헌신할 준비가되어 있음을 밝혔다.

조직의 생명력은 구성원들에게서 나온다. 구성원들의 재능과 능력을 최대한 끌어내어 위기 극복을 위한 대책들을 계획대로 실행할 수 있어야 한다. 그들의 건강과 사기는 재난 극복의 가장 중요한 힘이다. 주주서한에서 다이먼 회장은 구성원들의 안전을 보장하고, 그들의 능력을 효과적으로 활용할 수 있는 여러 지원 정책들을 자세히 설명하고 약속한다. 재택근무로 인한 업무 공백이 발생하지 않도록 철저히 사전 준비된 시스템이 계획대로 작동되고 있으며, 직원 보상에도 피해가 없도록 여러 가지 조치가 적시에 시행되고 있는 모습을 확인하면서, 직원들의 자발적 몰입과 결속은 저절로 이루어진다. 최고경영자가 조직의 가장 중요한 자산이 구성원들임을 확인하는 훌륭한 소통이며, 이 믿음은 경영진과 구성원들 간의 단단한 신뢰를 구축한다.

'다양성(diversity)'과 '포용(inclusion)'은 조직의 역동성을 확인하는 중요한 메시지다. 자칫 팬데믹 상황에서 발생할 수 있는 차별이나 불공정성을 허용하지 않겠다는 최고경영자의 강력한 의지를 밝혔다. 조직 구성원들의 다양성을 인정하며 서로 다름을 포용하는 열린 조직의 길을 열어가겠다는 것이다. 다양한 의견과 주장이 자유롭게 교환되며, 실제 경영에 반영되는 바람직한 조직의 모습임에 틀림이 없다.

조직의 지속 가능성을 보장하는 경영 목표의 수립, 장기 성과 평가 원칙, 인적 자원 개발에 대한 신념 등 상황 변화에 흔들림 없는 정직한 경영 가치관은 JP모건의 눈부신 발전의 토대가 되었다. 그러나 이런 가치관은 모든 이해 당사자들의 공동 목표 달성을 위해 공정하고 투명한 의사결정이 이루어질 수 있는 체계가 구축되지 않는다면 유지될 수 없다. 그래서 제이미 회장이 주주서한을 통해 밝히는 신념 중 백미는 '거버넌스'에 대한 원칙이다. 기업 지배구조에 대한 투명한 기준을 명백히 밝히고, 그 기준에 따라 경영 승계 구도에 대한 자기 생각까지 하나하나 설명하고 동의를 구한다.

최고경영자에 오를 수 있는 후보군을 모두 망라해서 소개하고, 후보 개개인의 특징과 장점들을 하나하나 분석한다. 그리고 사외이사나 주주들이 충분한 기간 그들과 소통하고 평가할 기회를 어떻게 마련할 것인지에 대한 계획을 제시한다. 최고경영자 선정은 1~2시간의 형식적 면접으로 이루어질 수 없다. 기업의 미래를 책임질 적임자를 그렇게 뽑을 수는 없다. 이사회, 워크숍, 간담회 등 여러 교류 기회를 통해 후보자들의 자질과 능력, 정직성 등을 검증할 충분한 기회를 마련하고 오랜 기간 평가한다. 절차를 위한 절차가 아니라, 조직의 운명을 좌우할 최고경영자 선정의 막중한 책임을 강조한다. 신중한 고민과 객관적 검토 위에 이루어지는 투명한 의사결정 프로세스만이 이해관계자들의 공감과 동의를 끌어낼 수 있다.

우리나라의 최고경영자들이 매년 자신의 가치관과 경영 철학을 세부적인 실천 방안과 함께 제시하고, 여러 시장 관계자와 조직 구성원들과 소통하는 사례는 찾기 어렵다. 최고경영자의 신념과 경영 원칙을 소통받지 못한 직원들은 조직의 장기 비전과 목표를 공감하기 어렵다. 위기 상황에서의 정책은 평상시 믿어왔던 기업 정신과 일관성을 잃기 십상이다. 반드시 지키고 따라야 할 경영의 기본 원칙과 상관없는 즉흥적 임시방편이 될 가능성이 매우 크다.

최고경영자는 조직의 구심점이다. 최고경영자는 구성원들 모두가 믿고 신뢰할 수 있는 확고한 원칙과 신념을 꾸준히 밝히고 공유해야 한다. 다양한 의견도 겸손히 수용해야 한다. 그리고 그 원칙과 신념은 반드시 지켜내야 한다. 상황에 따라, 자신의 이해관계 역학에 따라 쉽게 뒤바뀌는 원칙은 구성원들의 규범으로 자리 잡을 수 없다.

조직 구성원들뿐 아니라 외부관계자들 모두가 조직이 지속 가능한 경영 원칙과 가치관이 무엇인지 알기를 원하고, 그 원칙이 유지되기를 바란다. 그 원칙과 가치관을 세우고 지켜내는 것은 최고경영자의 의무다. 그리고 이 의무를 이행하기 위한 최고경영자의 첫걸음은 소통이다. 주주서한은 효과적인 소통 채널 중 하나다. 기업 경영 원칙의 공유는 부단한 기업 역할 수행의 기반이며 종업원, 고객, 지역사회에 대한 약속이다.

슈퍼 리더십으로
석세션 플랜을 세워라

최근 넷플릭스(Netflix)에서 큰 인기를 끈 〈라스트 댄스(The Last Dance)〉는 농구 황제 마이클 조던(Michael Jordan)과 시카고불스(Chicago Bulls)의 1990년대 영광과 뒷이야기를 다룬 다큐멘터리다. 전체 이야기 흐름의 중앙에 마이클 조던이 있지만, 시카고불스의 황금기를 이끌며 재임 기간 여섯 번의 NBA 우승을 안긴 필 잭슨(Phil Jackson) 감독이 보여주는 리더십이 눈길을 끈다.

그의 출중한 성과는 물론 마이클 조던이라는 걸출한 스타가 있었기에 가능한 일이기도 했지만, 그가 시카고불스 감독으로 부임하기 전, 마이클 조던은 수년간 놀라운 기량으로 코트를 누볐음에도 우승 한 번 하지 못했던 사실은 지도자로서 그의 역할이 얼마나 컸는지를 가늠하게 한다.

필 잭슨의 리더십은 특이하다. 팀이 지면 더욱 혹독한 훈련으로 팀원들의 기강을 잡고 채찍질하는 것이 아니라 오히려 자유 시간을 주고 쉬게 했다. 선수들 스스로 무엇이 부족했는지, 부족한 부분을 어떻게 채워나가야 하는지 깨닫는 시간을 준 것이다. 그의 리더십은 공포의 카리스마로 구성원들을 끌어당긴 것이 아니라, 구성원 개개인들이 가지고 있는 능력을 최고의 수준으로 발휘할 수 있도록 환경을 만들어주는 것이다. 그를 '젠 마스터(Zen master)'라 부르는 이유다.

마이클 조던 한 사람의 능력에만 의존하는 플레이가 아니라 모든 멤버들이 함께 팀워크를 만들어가며 각자가 가진 기량을 최대한 발휘할 수 있도록 배려하고, 자발적으로 팀에 기여할 수 있는 동기가 부여되는 분위기를 조성하는 것이다. 그가 시도한 '트라이앵글 오펜스(triangle offence)'는 한 사람에게 전력이 집중되지 않고 팀원 전체가 유기적인 움직임을 통해 누구든 관계없이 공격의 기회를 만들어내는 팀 전술이다. 이 전술이 효과적으로 적용되기 위해서는 구성원 개개인이 언제라도 자기에게 올 수 있는 공격의 기회를 놓치지 않고 마무리 지을 수 있는 능력을 스스로 키워야 한다.

구성원들 모두가 주인공이라는 생각으로 최선을 다하고, 자신의 역량을 키우기 위한 자발적인 노력이 자연스럽게 이루어지는 분위기를 조성하는 리더십이다. 구성원들이 통제의 대상이 아니라,

자신을 스스로 관리하며 해낼 수 있다는 자신감을 키우는 셀프 리더(self leader)가 된다. 이런 과정을 통해 구성원들은 자신의 숨겨진 잠재력을 최대한 끌어내 자기 주도적 성장을 가능하게 하고, 그들 하나하나가 리더로서 자질을 갖추게 되는 것이다.

이것이 바로 슈퍼 리더십(super leadership)[23]이며, 석세션 플랜(Success Plan, 후계자 계획) 세우기의 출발점이다. 석세션 플랜은 뒤를 이어 기업의 모든 이해관계자 가치를 증진시키고 지속 가능성을 유지, 발전시켜나갈 수 있는 역량 있는 인재 육성에서 출발한다. GE의 'Session C'나 인텔(Intel)의 'Key Player Program' 등 미래 리더 양성 목적으로 운용되고 있는 인재 육성 프로그램도 후계자 계획의 일환이다. 그러나 많은 기업이 따라서 도입하고자 벤치마킹하는 훌륭한 육성 프로그램 대부분은 'OffJT'[24] 형태로 운영되고 있어, 리더가 갖추어야 할 기본적 교양이나 자세와 같은 개념 교육의 성격이 강하고 성과 평가 방법론에 집중하는 경향이 크다. 따라서, 업무적 능력이나 당장 적용 가능한 전략적 의사결정 능력 개발과는 거리가 있다.

---

23. Manz, C. & Sims, H. (1990). Superleadership:Leading Others to Lead Themselve.

24. Off-the-Job training. OJT(On-the-job training)과 대비되는 개념으로, 업무상 외 교육, 훈련을 의미

반면, 슈퍼 리더십은 현장에서 구성원들이 자기 책임하에 마음껏 능력을 펼칠 기회를 부여하고 스스로 판단하고 결정할 수 있는 환경을 마련해준다. 임파워먼트(empowerment)가 열쇠다. 권한 위임은 구성원 개개인이 자신의 목표를 자발적으로 설정하고, 그 목표를 달성하기 위한 전략을 수립해 서로를 자극하고 지원하는 팀워크를 만들어가는 전제가 된다. 셀프 리더가 되는 과정을 통해 향후 조직을 끌고 갈 수 있는 최고경영자의 품성과 자질, 능력을 갖추어나간다.

통제나 지시, 명령을 충실히 이행하며 추종하는 의존적 인재 양성으로는 조직의 미래를 맡길 수 없다. 급변하는 환경 변화에 현명하게 대응할 수 있는 민첩성과 예측이 불가능한 미지의 위험을 극복하고 도약할 수 있는 리질리언스(resilience)를 만들어낼 수 있는 리더를 키워야 한다. 그런 인재를 키우고, 찾아내는 일이 후계자 계획이다.

석세션 플랜의 과정은 단기간에 이루어지지 않는다. 장기적인 프로젝트다. 최고경영자 선정 과정의 투명성을 확보한다는 명분으로 만들어지는 프로세스의 규정화가 최적의 리더 선정을 보장할 수는 없다. 충분한 시간을 두고 최고경영자 후보의 양성을 통해 인재 풀이 마련되어야 한다. 조직 외부에서 영입 가능한 인재 풀도 구성해 끊임없는 관심으로 비교, 검토되어야 함은 물론이다. 최고경영자 자신을 뛰어넘는 리더를 키우겠다는 의지와 신념이 필요하다.

55세의 나이로 은퇴를 선언한 알리바바의 마윈 회장은 10년에 걸쳐 후계자 계획을 준비해왔다고 밝혔다. 소위 18나한이라고 불리는 열여덟 명의 창업 동료는 모두 배제했다. 배경에는 슈퍼 리더십으로 육성해온 셀프 리더의 인재 풀이 있었다. 그룹의 사업 단위별 리더들은 위임받은 자율적 의사결정 권한을 바탕으로 책임 경영을 실행하면서 최고경영자의 자질과 역량을 개발했고, 그들 중 창업자 그룹을 뛰어넘는 충분한 자격을 검증받은 장융(張勇, Daniel Zhang) 사장을 회장으로 지명했다. 창업자 그룹의 프리미엄으로 알리바바의 미래 가치를 훼손시킬 수 없다는 결정이었다.

존경받는 리더는 자신보다 뛰어난 리더의 등장을 기대하며 인재를 기른다. 언제라도 그런 인재가 나타난다면 후회 없이 리더십 승계를 이행한다. 자신을 대체할 인재가 없어 자리를 지켜야 한다면, 그것은 오롯이 인재를 제대로 육성하지 못한 리더 자신의 책임이다. 조직은 발전적 순환이 이루어져야 한다. 장기적인 후계자 계획이 리더의 강한 의지로 꺾임 없이 실행되어야 가능한 일이다.

*

바로 세운 거버넌스가
존경받는 리더십을 만든다

지속 가능한 성장 사회를 위해 필수적인 기업의 ESG 책임과 역할 중, 기업 지배구조는 가장 근본적인 전환의 바탕을 제공하는 출발점이다. 특히 불투명하고 낙후된 기업 지배구조가 '코리아 디스카운트'의 가장 큰 원인으로 주목되고 있는 가운데, 스튜어드십 코드(Stewardship Code, 투자가들의 적극적 의결권 행사를 위한 자율 지침) 도입과 주주행동주의 활성화는 기업의 사회적 책임 이행과 관련한 건전하고 투명한 지배구조 확립의 중요성을 일깨우고 있다.

기업의 지배구조가 기업 가치에 미치는 영향에 관한 시장의 관심이 커지면서, 이에 대한 많은 연구가 이루어져왔다. 하버드 대학교의 폴 곰퍼스 교수는 기업 지배구조와 시장 가치의 관계를 오랫동안 연구한 대표적 학자이다. 그가 2000년대 초, 조이 이시이 박사와 앤드류 메트릭 박사와 함께 발표한 〈기업 지배구조와 주가〉[25]라는 논문에서 주주권한을 규정하는 지배구조와 주가의 높은 상관관계에 대해 실증 데이터를 바탕으로 증명했다. 주주권한이 보장된 투명한 지배구조의 기업 주가는, 주주권한을 제약하고 기업 변화를 어렵게 하는 지배구조 기업에 비해 과거 10년간 연율 8.5% 높은 성과를 나타냈다. 이후 반복된 실험에서도 거의 동일한 결과를 얻었다.

예를 들어, 기업이 인수당해 CEO가 임기 전에 사임하게 돼도, 거액의 퇴직금과 저가의 스톡옵션, 일정 기간 동안의 보수와 보너스 등을 받을 수 있는 권리를 확정해놓은 황금낙하산(golden parachute)은 주주들이 변화를 시도하기 어렵게 만드는 제도다. 곰퍼스 교수 등이 10년간 살펴본 결과, 황금낙하산같이 주주권한을 제한하는 제도가 없는 기업들이 그렇지 않은 기업들보다 주가가 9.3% 더 올랐다. 시장은 이미 오래전부터 기업의 존속 가능성과 가치 성장에 지배구조가 미치는 결정적 영향을 이해하고, '착한 기업'을 찾아 투자하는 노력을 기울여왔다. 최근에는 ESG 투자가 화두로 떠오르면서 기업의 사회적 책임 관점에서 기업 지배구조가 새롭게 조명되고 있다.

2016년 페이스북에서는 기업 목표와 관련된 논쟁이 벌어졌다. 마크 저커버그(Mark Zuckerberg) CEO가 가장 신뢰하는 최측근이라고

---

25. Paul A. Gompers, Joy L. Ishii, & Andrew Metrick, "Corporate Governance and Equity Prices", Feb. 2003.

알려진 앤드류 보스워스(Andrew Bosworth) 부사장이 'The Ugly'라는 제목으로 올린 사내 메모가 큰 파장을 일으켰다. 그는 이 메모에서 끊임없는 '사람들 간의 연결' 증대라는 페이스북의 기업 목표를 달성하기 위해서는 어느 정도 발생할 수 있는 물리적·사회적 위험은 감수해야 한다고 주장했다. 기업의 성장 목표를 추구하는 과정에서 일어날 수 있는 부작용은 더 많은 사람들을 연결시킬 수만 있다면 정당화될 수 있다는 의미다. 사람의 목숨을 앗아가는 부작용의 극단을 경험하더라도, 가입자 수 확대라는 기업 미션은 중단 없이 추진되어야 한다는 것이다. 실제로 보스워스의 메모가 나온 지 얼마 되지 않아 페이스북을 통해 순교자가 되겠다고 공언해온 테러리스트가 어린 소녀를 살해하고 자신도 목숨을 끊은 사건이 발생하기도 했다.

페이스북은 보스워스가 일으킨 논쟁 이후 기업의 목표를 단순한 '사람들 간의 연결' 자체가 아닌, 연결된 모든 사람들에게 이로운 포용적 '글로벌 커뮤니티'를 만들어가는 것이라 새롭게 정의했다. 그러나 기업의 목표가 아무리 가치 있고 중요한 의미를 지닌다 해도, 그 목표의 추구가 사회적 가치를 훼손하지 않도록 통제하는 투명하고 강력한 기업 거버넌스(governance)의 틀 안에서 이루어져야 함은 반드시 지켜야 할 절대적 원칙이다.

거버넌스가 없는 목표 추구는 길을 잃기 쉽다. 2000년대 초반,

미국 대형 통신사 MCI 월드컴(MCI Worldcom)의 파산은 제대로 된 거 버넌스 없는 막무가내식 기업 목표 추진의 예견된 결과다. 월스트 리트 넘버원 주식이 되겠다는 월드컴 경영진의 야심 찬 기업 목표 는 60건이 넘는 무모한 기업 인수합병과 막대한 규모의 차입에 대 한 명분을 제공했다. 비대해진 몸집으로 효율성은 크게 떨어졌을 뿐만 아니라, 시장의 변화를 읽지 못하고 인터넷 버블 붕괴의 타격 을 피하지 못한 채 회복할 수 없는 파국을 맞이했다. 심지어 다른 통신사들과 돌려막기식 회선 교차 임대로 가공 매출을 일으키고 시 장을 속이는 과감함을 보였다.

미국 의회 특별조사위원회가 밝힌 분식 회계 부정 규모는 110 억 불에 이르며, 은행 차입금으로 경영진 보너스를 지급하는 막장 의 도덕적 해이는 도를 넘는 수준에 이르렀다. CEO인 버나드 에버 스(Bernard Ebbers)가 무려 4억 달러를 횡령한 사실도 드러났다. 문제 는 이런 모든 부도덕한 경영의 만행이 자행되는 동안 전혀 손을 쓰 지 못했다는 것이다. 이사들은 그저 거수기에 불과했고, 중요한 경 영 의사결정 과정상 이사회의 역할은 찾아볼 수 없다. 경영진에 대 한 이사회의 독립적인 관리 감독 기능이 결여되다 보니, 기업 목표 의 추구라는 명분으로 정당화되는 모든 비합리적인 의사결정이 기 업의 지속 가능성을 없애 버릴 때까지 아무런 견제도 없다. 월스트 리트 최고의 주식을 만들겠다는 기업 목표는 이기적인 특정 경영자 집단의 사리사욕을 채우는 수단으로 전락하며, 다른 이해관계자들의 가치는 휴짓조각이 된다. 회사 구성원, 주주, 사회에 대한 대 사기극은 결국 회사가 파산으로 사라져야 끝이 난다.

2017년, 페이스북의 이사회는 스스로 이사회 책임에 대한 가이드라인을 수정하고 경영진에 대한 조언과 관리 감독의 책임을 명확히 했다. 또한 경영자의 주요 의사결정 사안에 대한 이사회 보고 및 승인 기준을 세워, 기업 목표를 달성하기 위한 기업의 경영 활동이 모든 이해관계자의 가치를 훼손시키지 않는지 감독하는 이사회의 역할을 요구하고 있다.[26]

최근 유행처럼 지배구조 헌장을 만들어 공표하고 투명한 경영을 지향하는 의지를 표명하는 기업들이 많다. 그러나 헌장이나 선언문을 만들어 외친다고 거버넌스가 바로 서는 것은 아니다. 비뚤어진 경영 부정이 일어나는 것은 제도나 시스템의 부재 때문이기도 하지만, 제도나 시스템이 있다 하더라도 그 제도를 운용하고 따라야 할 당사자들이 진정으로 거버넌스 본연의 취지와 목적을 지키려고 하는 의지가 없기 때문이다. 이제는 거버넌스 관련 가이드라인에 따라 만들어진 내부 규정이나 절차의 존재는 너무나 당연한 환경이 되었다. 기업의 가치는 주주, 구성원, 사회 모든 이해관계자

---

26. David Kiron and Gregory Unruh, Corporate 'Purpose' Is No Substitute for Good Governance, MIT Sloan Management Review, April 10, 2018.

의 이익을 함께 증가시킬 수 있도록 잘 만들어진 거버넌스의 원칙이 제대로 지켜지고 있는지에 달려 있다.

우리나라 상법은 이사회의 사외이사 구성 비율이나 감사 및 감사위원회 선임과 구성에 대한 절차를 강화함으로써, 기업 경영의 투명한 지배구조가 세워질 수 있도록 규정하고 있다. 특히 상장회사의 경우에는 이사회 과반이 사외이사로 구성되도록 해서 이사회의 독립성이 보장될 수 있는 환경을 만들어놓았다. 그런데도 거버넌스의 투명성과 독립성이 유지될 수 있는가는 결국 경영자와 이사들 자신들의 책임이다.

아무리 이사회의 과반이 사외이사라 하더라도 사외이사가 독립적 감시자의 역할을 포기한다면 아무 소용이 없다. 사외이사 자리가 금전적 대가가 훌륭한 보상의 대상이 되는 순간, 자리보전의 심리적 압력이 작용하기 시작한다. 자기를 사외이사로 임명한 실질적 권력자가 누구인지 그 사람에게 충성하고 싶어진다. 분명히 경영진이 배제된 사외이사 후보 추천위원회가 있지만, 후보 추천이 이미 경영진과 사전 조율되어 있다면 위원회는 형식적 절차에 불과하다. 그 위원회에 참가하고 있는 사외이사 자신도 그런 식으로 사외이사로 선임되었기에 누구의 뜻에 따라야 하는지 잘 안다. 거버넌스의 중요성에 대한 인식이 크지 않았던 과거에 비해 절차가 조금 복잡해졌을 뿐, 실질적 내용은 하나도 바뀐 것이 없다. 의사결정이 이루어지는 형식이 중요한 것이 아니라, 절차적 형식의 내면에서 행해지고 있는 실제 의사결정 과정과 내용이 훨씬 더 중요하다. 의사결정 절차의 독립성은 표면적인 법률적 형식만으로 보장되지 않기 때문이다.

이사회의 독립성과 투명성을 확신할 수 없는 현실적 제약은, 바람직한 거버넌스 확립을 위한 주주권한 행사의 자율성 확대가 요구되는 충분한 이유가 된다. 준비된 제도적 장치가 올바로 작동할 수 있도록 주주권한이 제대로 행사되어야 한다. 이사회가 다른 이해관계자들의 가치 증진의 역할을 다하지 못하는 경우, 조직의 변화를 주도할 수 있는 주주권한의 보장 여부가 기업 가치 평가를 좌우한다는 사실은 이미 언급한 바와 같다.

기업 스스로 기업 가치와 사회 가치를 증가시키는 올바른 경영목표와 전략을 실행하려고 노력할 때, 이사회와 주주의 개입이 감소한다. 이사회와 주주는 그런 경영진의 노력이 동의된 방향으로 일관성 있게 유지될 수 있는지 지켜보며 조언자 역할만 하면 된다. 좋은 거버넌스가 착한 기업을 만들고, 다시 거버넌스가 더욱 투명해지는 선순환의 고리를 만들어가게 된다.

겉으로는 투명한 지배구조를 공언하며 정직한 경영이 모토인 양 으스대면서, 뒤에서는 개인적 이익의 극대화를 위해 정직하지 않은 관행을 만들어간다면 그 기업의 운명은 월드컴과 같은 종말을 맞이할 가능성이 크다. 사외이사만으로 의사결정이 이루어진다고 해서 그 의사결정이 반드시 객관적이라고 장담할 수 없다. 법률적 정의로는 독립적이어야 할 사외이사가 실질적으로는 내부 경영자에 종속되어 있다면, 아무리 사외이사들로만 이루어진 결정이라고 해서 그 결정이 객관적이고 독립적일 리 만무하다.

시장과 사회는 좋은 거버넌스의 기업을 사랑한다. 그런 기업만이 사회가 공유할 수 있는 가치와 행복을 만들어낼 수 있기 때문이다. 좋은 거버넌스는 상생의 지배구조가 기업의 지속 가능성과 이해관계자들의 공유 가치를 키운다는 확신을 가지고 실천하는 경영자만이 지켜나갈 수 있다. 사적인 이해관계의 계산 뒤에 숨어서 좋은 거버넌스의 가면을 쓰고서는 사랑받는 기업 경영은 불가능하다. 겉과 속이 다름이 없는 건전한 거버넌스를 세위기 위해 애쓰고 노력하는 경영자의 리더십을 우리 사회는 간절히 원한다.

*

올바른 이사회 구성과 책임은
무엇인가?

건전한 지배구조를 세우고 착한 기업을 만들겠다는 최고경영자의 의지는 이사회 구성과 이사 선임 과정에서 실현된다. 주주권 행사 등 주주 및 사회 가치 증대와 기업의 지속 가능성을 보장하기 위해 행사할 수 있는 장치 대부분이 사후적 성격이 강하다는 점에서, 좋은 거버넌스는 좋은 이사회 구성에서 출발할 수밖에 없다. 주요 경영 의사 결정이 모든 이해관계자 이익의 균형적 발전을 위해 이루어질 수 있도록 사전적 검토와 소통이 이루어지는 보루가 이사회이기 때문이다.

우리나라 상장사들은 상법상 일정 비율 이상 이사회를 사외이사로 구성해야 한다. 특히 자산규모 2조 원 이상의 상장사는 과반을 사외이사로 두게 되어 있다. 문제는 사외이사 개개인이 사외이사로서 독립성과 전문성을 자유롭게 발휘할 수 있는 여건이 아니라는 점이다. 독립적인 이사회 기능 강화가 자신의 권한과 행동에 제약을 초래할 것이라는 최고경영자의 걱정은, 무늬만 독립적인 지배구조를 만들고 싶은 유혹을 뿌리치지 못하게 하는 이유가 된다.

법 제도를 따르면서도 자신의 경영 권한이 축소되길 바라지 않는 최고경영자는 우선 사적인 인연으로 가까운 지인들을 사외이사로 선임한다. 친 경영인 사외이사들은 적지 않은 부수입을 벌 수 있는 좋은 자리를 마련해준 혜택에 보답하기 위해서라도 열심히 거수기 역할을 자임한다. 더구나 사외이사 임기가 짧다면 연임을 위해서라도 더 충성해야 한다. 완벽한 윈윈 전략이다. 사외이사 후보 추천위원회가 있지만, 거명되는 후보자는 이미 경영자와 협의가 이뤄진 사람들이다. 누가 사외이사로 추천될지는 위원회보다 먼저 결정되어 있다.

이런 이사회라면, 이사회 규정에 따라 주요 의사결정이 적법하게 이루어졌다는 사실로 투명한 지배구조를 확인시키려고 하지만, 실제로는 최고경영자 뜻대로 이루어진 결정이다. 이사회는 최고경영자의 조력자로 그를 도울 뿐, 견제자의 역할은 찾을 수 없다. 조직의 구성원이나 외부 관계자들의 이해는 우선순위에서 밀리게 되는 것은 당연하다. 월드컴과 같은 파국의 길로 들어서는 것이다.

이사 선임의 최종 관문인 주주총회에서 주주권한을 적극적으로 행사해서 이사회의 투명성을 높일 수 있는 수단이 있기는 하지만, 아직은 크게 기대할 수준은 아닌 듯싶다. 최근 적극적인 주주권 행사를 통해 기업 경영의 투명성을 확보하고 주주 가치를 높이기 위한 목적으로 '스튜어드십 코드(Stewardship Code)'를 도입하는 기관 투자자들이 많아지고 있으나, 지금까지 주총에서 이사 선임이 부결된 경우는 거의 찾아볼 수가 없다.

따라서 기업 경영을 사전적으로 감시하고 견제할 수 있는 투명한 거버넌스는 규정상의 형식적 절차가 아니라, 자신의 권한을 희생하더라도 이사회 구성원의 독립성과 자율적 의사결정 권한을 실질적으로 보장하려는 최고경영자의 의지에 달려 있다. 사외이사의 역할이 충실히 이행될 때, 기업의 지속 가능성을 떨어뜨리는 잘못된 의사결정이 방지되고 투명한 지배구조 기업으로 시장의 신뢰가 강화된다면, 기업의 미래 가치를 높이고 장기적 비전을 실현하는 선순환의 긍정 효과가 결국 최고경영자 본인에 대한 평가로 이어진다는 적극적 인식만이 투명한 지배구조를 가능하게 한다.

기업 스스로 건전한 지배구조를 갖추려는 노력을 보이지 않고 오히려 규정의 형식 뒤에 숨어 경영자에 편향된 이익 추구의 길을 걷는다면, 거버넌스의 올바른 방향 수정을 위해 기업 외부의 힘이 개입될 수밖에 없다. 주주제안, 주주대표소송 등 주주의 적극적인 의사결정 참여나 경영진 책임 추궁 행위가 그 예가 될 수 있다. 제도적으로도 주주의 권한을 강화하는 여러 장치가 도입되고 있다. 소액 주주들이 직접 주주총회에 참석하지 않고도 쉽게 의사결정에 참여할 수 있도록 전자투표나 전자위임장 제도가 시행되었고, 주주들이 주주총회에 의안을 직접 제시할 수 있도록 주주제안 제도도 마련되어 있다.

최근에는 소수 주주의 권한을 강화하고 기업 지배구조를 개선하기 위해 주주대표소송 조건을 완화하고, 모회사 주주가 자회사나 손자회사 경영진의 불법행위에 대해서도 소송을 제기할 수 있는 다중대표소송제를 도입하는 방안도 신중하게 검토되고 있다. 6개월 이상 상장사 주주의 대표소송의 경우에는 0.01%의 지분율로도 이사나 감사의 책임을 물을 수 있어[27] 경영자 책임에 대한 인식이 높아지고 있다.

주주행동주의(shareholder activism)가 등장하면서, 주주들이 적극적으로 기업 의사결정에 참여해 경영의 투명성을 높이고 기업 가치를 높이려는 움직임이 늘어나고 있다. 이런 주주행동의 환경 변화 역시 자발적 지배구조 개선 의지가 없는 기업들에 대한 외부적 영향력 확대의 흐름을 보여준다. 기관 투자자들이 스튜어드십 코드 도

---

27. 증권거래법 제191조의 13 (소수 주주권의 행사)

입을 통해 수탁자 책임의 충실한 이행을 강조하는 추세도, 기관 투자자의 역할을 단순한 주식 보유에 한정하지 않고 기업 의사결정에 적극적으로 참여함으로써 기업의 지속 가능 성장에 기여하고 투자 자산의 가치를 증대시키는 주주행동주의의 발현이다.

또한 선임된 사외이사는 독립적 위치에서 업무 집행 결정권 및 경영진의 직무집행에 대한 감독권을 가지는 만큼, 그 권한을 제대로 행사하지 않았을 경우 응당한 책임을 져야 하는 것은 당연하다. 최후의 내부 통제 기능이 상실되었을 경우, 기업과 주주, 사회가 감내해야 할 손실에 대한 책임은 적절한 내부 통제 권한을 행사해야 하는 이사회에 있기 때문이다. 이사회의 독립성과 책임은 떼려야 뗄 수 없는 원인이자 결과다. 오래전부터 기업 지배구조 강화에 노력해온 해외 선진국들과 비교하면 우리나라 이사회의 책임 수준은 매우 낮다. 그러다 보니, 경영진의 부도덕한 부정행위나 잘못된 판단에 대한 견제의 절박함이 적을 수밖에 없다. 경영 부실에 대한 강력한 책임을 이사회가 져야 한다면, 경영진과의 친분이나 이사 자리의 혜택이 느슨한 관리 감독의 이유가 될 여지는 없다.

그러나 외부적 영향력 행사나 개입은 어차피 사후적이다. 기업이 투명하지 못한 거버넌스에 의해 관계자 간 이익의 불균형을 초래하는 잘못된 의사결정을 이미 했거나, 이사회 구성이나 의사결정 구조가 그런 위험을 초래할 수 있는 상황이 되었을 때 비로소 끼어들 수 있는 행동이다. 물론 다양한 이해관계자의 능동적 참여가 기업의 자발적인 기업 지배구조의 개선 노력을 끌어낼 수 있다는 점에서 장기적으로 긍정적인 효과를 기대할 수 있겠으나, 잘못된 결정을 바로 잡거나 그런 결정으로 벌어진 결과에 대한 책임을 묻는 과정은 생산적이지 않다.

이미 기업에 대한 신뢰나 시장의 믿음은 추락한 후의 일이다. 더구나 잘못된 기업 지배구조의 수정이 뜻대로 되지 않을 수도 있다. 자칫 더 큰 혼란에 빠져 기업의 생존을 위협하게 되는 상황으로 치닫게 될 가능성도 있다. 부정을 저지른 경영진의 책임을 아무리 물어본들, 이미 주식은 휴짓조각이 되고 조직 구성원들은 청춘을 바친 직장과 가족 같은 동료를 잃고 난 후의 일이다. 소 잃고서라도 외양간은 고쳐야겠지만 그간의 희생이 너무나 아깝다.

소 잃기 전에 외양간을 고치는 일은 최고경영자와 경영진이 할 수 있는 일이다. 당장은 자신의 이익이 침해받는 듯해도, 장기적으로는 모든 이해관계자 간에 공유할 수 있는 가치의 크기가 커지면서 자신이 몫도 훨씬 커질 수 있다. 무늬만 독립적인 사외이사가 아니라, 회사의 최종 의사결정에 소중한 의결권을 자신의 소신에 따라 행사할 수 있는 독립 이사로서의 역할이 보장되어야 한다. 사외이사가 눈치 볼 일은 없다. 구태여 눈치를 본다면 최고 경영진이 사외이사들의 눈치를 볼 일이다.

기업의 지배구조는 경영의 자유를 속박하는 족쇄가 아니라 현명한 의사결정을 돕는 조력자이며 컨설턴트다. 최고경영자는 투명하고 독립적인 이사회와 의사결정 구조의 혜택을 제일 먼저 직접적으로 받는 당사자다. 조직 내부에서 쉽게 들을 수 없는 조언을 들을 수 있을 뿐 아니라, 다양한 시각의 부족으로 발생할 수 있는 잘못된 의사결정의 위험에서 벗어날 수 있는 훌륭한 위험 관리자의 도움을 누릴 수 있다.

시장은 좋은 지배구조의 이로움을 잘 알고 활용할 줄 아는 최고경영자를 신뢰한다. 조직 구성원들도 그런 기업 환경 속에서 더욱 활발한 의견 개진과 자유로운 사고 능력을 키워나갈 수 있다. 투명하고 건전한 지배구조는 회피의 대상이 아니라 함께 가야 할 동료이자 조언자다. 지배구조의 강화가 왠지 꺼려지는 직관적 불편함을 떨치고, 책임 있는 경영구조를 만드는 일은 경영자의 가장 중요한 책임이 아닐 수 없다.

사외이사의 선임은 철저하게 경험의 다양성과 전문성에 근거해야 한다. 개인적인 친분은 고려 대상이 아니다. 특히 경영 의사결정 과정에서 이해 상충 문제를 일으킬 수 있는 관계라면 더 큰 문제다. 개인인 '나'에게 도움이 되는 이사가 아닌, '기업'에 도움이 되는 전문가로서 의사결정에 독립적으로 참여할 수 있는 이사를 뽑아야 한다. 법률적 절차상 합법성을 갖추기 위할 뿐, 최고경영자나 최대주주의 뜻에 따라 움직이는 대변인이 되어서는 안 된다. 건전하고 투명한 거버넌스에 걸맞은 독립적 이사회 구성을 향한 최고경영자의 올곧은 의지가 요구된다.

III.

리더가
산업의 지평선을
바꾼다

1.
산업의 미래는
리더에게 달렸다

＊

영원한 승자는 없다

지난 2018년 6월, 미국 다우존스 산업평균지수(Dow Jones Industrial Average, 다우지수) 구성 종목에서 제너럴일렉트릭(GE)이 퇴출되었다. GE가 지수에서 빠지게 됨으로써 1896년 다우지수 출범 당시 구성 종목에 포함되었던 모든 기업은 122년 만에 사라져버렸다. GE가 빠진 자리는 헬스케어 기업인 월그린스 부츠 얼라이언스(Walgreens Boots Alliance)가 차지했다.

GE가 어떤 기업인가. GE의 혁신 전략은 모든 기업의 벤치마킹 대상이 되었을 뿐만 아니라, 130년 넘게 최고의 자리를 유지해왔던 미국 제조업의 상징이 아니었던가. 1981년 45세의 나이로 GE의 최연소 CEO에 오른 잭 웰치(Jack Welch) 회장이 20년 재임 기간 추진했던 혁신적 경영 전략은 최고경영자가 따라야 할 바이블로 칭송되었고, GE가 도입한 식스 시그마(6 sigma)는 기업 경쟁력을 확보하는 핵심 전략으로 수많은 경영 서적이나 강연의 단골 메뉴가 되어 혁신 경영의 심벌로 자리 잡았다.

당시 잭 웰치 회장이 식스 시그마와 함께 추진했던 '벽 허물기'와 '세션 C' 또한 경영 혁신의 모범으로 경영계의 많은 관심을 받았다. 특히 '벽 허물기'는 다른 부서나 외부의 기술이나 아이디어를 받아들이지 않는 배타적 기업 문화인 NIH신드롬(Not Invented Here Syndrome)을 극복하고 조직의 개방성을 높여 기업의 경쟁력을 키우는 경영 혁신으로 주목받았다. 실제로 국내의 많은 기업이 오픈니스(Openness)를 외치며 GE의 문화 혁신을 따르기도 했다.

세션 C는 인사 평가 및 인재 발굴 프로세스로 GE의 석세션 플랜(succession plan)의 핵심이다. CEO 후보군의 선발 및 장기적인 교육 양성이 세션 C를 통해 이루어진다. 크로톤빌(Crotonville)로 알려진 GE의 리더십 개발센터(John F. Welch Leadership Development Center)는 잭 웰치 회장이 직원 4분의 1을 감원하면서도 7,500만 불을 투자해 발전시킨 인재 개발의 산실로, 세션 C와 연계한 체계적인 인재 개발 프로그램을 제공한다. 맨해튼 북쪽 허드슨 강변에 위치한 크로톤빌은 많은 기업이 본떠 만들고 싶어 하는 인재 교육기관의 표준이 되었을 뿐만 아니라, 크로톤빌 연수 프로그램은 우리나라 기업의 최고경영자들이 참여하고 싶어 하는 선망의 대상이 되기도 했다.

이렇게 모든 기업의 우상으로 경영혁신의 모델로 삼고 배우고자 열망했던 GE가 다우지수에서 사라진 것은 가히 충격적이다. 2004년, 필름 업계를 평정했던 코닥(Eastman Kodak Company)이 다우지수에서 탈락했을 때 받았던 충격보다 그 무게가 훨씬 무겁다.

코닥은 가장 먼저 디지털카메라 기술을 개발하고도 여전히 최고 수익을 내는 기존 사업을 포기할 수 없는 변화에 대한 거부감이 기업의 지속 가능성을 망쳐버렸다. 디지털 기술이 기존 시장을 잠식해버려 결국 제 살 깎아 먹기가 되어버릴 것 같은 기회비용에 대한 두려움이 혁신을 받아들일 수 없는 충분한 명분이 되었다. 결과는 파산이다.

이런 점에서 코닥의 몰락은 어느 정도 예견된 면이 없지 않았고, 변화의 흐름에 적극적으로 대응하지 않는 기업의 운명으로 이해되었지만, GE의 내리막은 잭 웰치 회장 집권 20년의 화려함 뒤에 가려져 예상하지 못했던 뜻밖의 결과다. 한때 5,000억 달러 클럽에 가입했던 GE의 시가 총액은 2020년 9월, 500억 달러 대로 떨어졌다. 20년 사이 90%의 기업 가치가 사라져버렸다. GE의 영원한 성장을 보장할 것이라 믿었던 잭 웰치의 경영 방식은 혁신이 아니라 독이 되어 돌아왔다.

GE의 주가를 50배 이상 올려놓았던 잭 웰치의 공격적 경영 방식은 끊임없는 M&A를 통한 몸집 키우기였고, 공룡처럼 비대해진 조직은 통제의 수준을 벗어나 버렸다. 비용 효율성에 목숨을 걸고 직원 수를 25% 이상 감축하면서 인력의 내재화는 점점 더 어려워졌다. 돈 벌기 쉬운 사업을 좇다 보니, 금융당국이 GE를 금융회사로 분류해 규제 대상으로 삼을 정도로 파이낸스 사업을 확대했다. 제조업으로서의 경쟁 우위를 스스로 포기하고 금융업으로 키운 몸집은 2008년 금융위기가 닥치면서 GE의 생존을 위협하는 부담이되었다. 그룹의 정체성은 혼란스러울 뿐이다.

잭 웰치의 뒤를 이은 제프리 이멜트(Jeffrey Immelt) 회장은 그룹의 당면한 문제를 또 다른 M&A로 덮어나갔다. 엔터테인먼트, 통신, 부동산 모기지, 경비 업체에 이르기까지 대규모 기업 인수를 이어갔다. 시장에 공언한 턱없이 높은 경영 목표를 고집하며 외적 성장에 의존했다. 2017년 취임한 존 플래너리(John Flannery) 회장은 변화를 머뭇거린 채 시간을 허비하다 주주들의 신뢰를 잃어버렸다. 달성할 수도 없는 목표를 고집하며 실현 불가능한 희망을 버리지 못하는 사이, GE 시가 총액은 최고점 대비 1/5도 안 되는 수준으로하락하며 다우지수에서 탈락하는 수모를 겪게 된다.

1년 3개월 만에 수장을 외부에서 영입한 GE는 과거 최고경영자를 포함한 충성 직원들의 집착을 떨쳐내고 과거 유산에서 벗어나려는 개혁의 노력을 하고 있지만, 본질적 체질 변화의 가시적인 결실은 아직 보이지 않는다.

금융그룹들도 마찬가지다. 2008년 서브프라임 모기지 사태가 초래한 금융위기 이후, 미국 최대 보험사 AIG(American International Group), 금융업의 상징이었던 시티그룹(Citigroup Inc.), 메릴린치 증권사를 인수해 초대형 은행 그룹이 된 BOA(Bank of America Corporation)가 줄줄이 다우지수에서 탈락하는 고배를 마셨다.

올해 8월에는 1928년 이후 92년간 다우지수에 이름을 올렸던 엑손 모빌(Exxon Mobil Corporation)이 퇴출되었다. 엑손 모빌의 빈자리는 고객관계관리(CRM) 중심의 클라우드 컴퓨팅 솔루션 제공업체인 세일스포스(Salesforce.com, Inc.)가 차지했다. S&P500 지수에서 에너지 산업이 차지하는 비중은 10년 전 10.9%에서 최근 2.5%까지 하락했다. ESG 경영에 관한 관심이 점차 늘어나고 있는 가운데 화석에너지 산업에 대한 시장의 부정적 시각도 원인 중 하나다. 엑손의 탈락은 '시대의 표적(sign of the times)'이다.

기업 환경의 변화는 피할 수 없는 도전이다. 한 시대의 응전이 영원한 해답이 될 수는 없다. 한때 모범이 되어 주목받던 혁신의 모델이 오히려 버려야 할 개혁의 대상이 될 수도 있다. 끊임없는 연구와 고민으로 변화를 준비하고 불확실한 미래에 대비해야 한다. 성공한 경영 전략이라고 해서 다음 세대의 변화 물결을 헤쳐나갈 최선의 전략이라고 장담할 수 없기 때문이다.

1923~1956년까지 최고경영자와 이사회 의장직을 맡으며 제너
럴모터스(General Motors Company, GM)를 이끌었던 앨프리드 슬론(Alfred
P. Sloan)은 "항상 변화하는 시장 환경은 변화에 준비되어 있지 않은
기업을 언제든지 무너뜨릴 수 있다[28]"고 주장했다. 안타깝게도 GM
은 2009년 다우지수에서 사라졌다. 1등의 영광에 취해 어물쩍거리
다가는 어느 순간 레이스에서 사라질지 모른다. 영원한 승자는 없
다.

---

28. "The circumstances of the ever-changing market and ever-changing product are
capable of breaking any business organization if that organization is unprepared for
change"

✱

———————————

테슬라는 더 이상
자동차 회사가 아니다

얼마 전 테슬라의 주가가 주당 2,000달러를 넘어섰다.[29] '이천 슬라'의 별명을 얻은 테슬라의 시가총액은 세계 최대의 유통체인인 월마트를 뛰어넘어 3,700억 달러를 넘어섰다. 그러나 원화 기준 440조 원에 달하는 시장 가치를 보유한 테슬라의 재무제표를 들여다보면 그 가치를 어떻게 해석해야 할지 고민스럽다.

2019년 말 현재 누적 적자는 60억 달러가 넘는다. 2020년 흑자 전환의 긍정적 예측이 나오고는 있지만, 누적 적자 해소에는 갈 길이 멀다. 2019년 D램 메모리 반도체 가격이 전년 대비 4분의 1 수준으로 하락하는 '반도체 쇼크'에도 불구하고 20조 원의 당기순이

---

29. 뉴욕증권거래소(NYSE) 2020.08.20. 종가 기준 U$2,001.83

익을 기록했던 삼성전자의 시가총액이 330조 원[30] 수준인 점을 감안한다면, 통상적인 전통적 가치평가의 모델로는 도저히 설명하기 어렵다.

테슬라의 기업 가치는 무한한 미래 가능성의 반영이다. 최근 수익의 상당 부분이 탄소 배출권 매출에서 나온다는 사실은 기존 자동차 회사에서는 상상할 수 없는 테슬라의 새로운 본질을 보여준다. 전기모터의 내연기관 대체는 동력 전달의 단순한 기계적 변화가 아니라 자동차에 대한 개념의 획기적 전환이다. 자동차가 이동 수단에서 환경, 콘텐츠와 삶이 연계된 플랫폼으로 바뀌는 특이점 (singularity)을 만들어낸 것이다.

테슬라 전기차에 대한 평가는 둘로 나뉜다. 실제로 차체 조립의 완성도가 떨어져 소위 단차(段差, trim gap)라고 하는 이음새 간격의 차이가 심해, 차량을 인수하면서 실망감을 감추지 못하는 구매자들이 많다고 한다. 심지어 단차는 애프터서비스 대상이 아니라는 계약서 서명이 차량 인도의 조건이라고 하니, 테슬라 전기차의 가치는 차량 외관의 정교한 조립에 있지 않다는 회사의 선언이기도 하다. 열이 맞지 않는 조악한 외관 조립에도 불구하고 테슬라 전기차

---

30. 2020.08.20. 종가 기준 시가총액 330조 7,000억 원

에 열광하는 이유는 구매 대상이 자동차가 아니라 첨단 IT기기라고 생각하기 때문이다. 기꺼이 억대의 높은 가격을 내고서라도 새로운 차원의 경험을 사는 만족감은 행복 그 자체다. 차 외관상 단차는 문제가 되지 않는다.

자율 주행 기술은 차 내부 공간을 영화관, 콘서트홀, 업무용 사무실로 변화시킨다. 이동하는 차 안에서 미팅을 하거나 독서를 하거나 꿀잠을 자는 모습을 볼 날도 멀지 않았다. 최근 한국에서도 출시된 자율 주행 시스템인 NOA(Navigation on Autopilot)는 완전 자율 주행이 멀지 않았음을 보여준다. 이 시스템 출시 전 생산된 구모델 차량도 하드웨어적인 변경 없이 펌웨어 업데이트만으로 자율 주행 기능을 장착할 수 있다니 차량 외관 조립 상태의 정교함이 그리 중요하지 않다.

테슬라의 가치는 단순히 자동차 판매 대수에 의해 결정되는 것이 아니라, 전기차를 중심으로 하는 IT 플랫폼이 미래에 만들어낼 사회적 가치에 근거한다. 자동차 자체의 판매이윤보다 훨씬 큰 가치가 탄소 배출권으로부터 발생한다는 사실이 이를 증명한다. 테슬라가 전기차 특허 기술을 공개하고 경쟁사들도 자유롭게 공유해서 사용할 수 있도록 허용한 것도 테슬라의 목표가 전기 자동차 생산에 있지 않고, 태양광 발전소, 2차전지, 전기차로 이어지는 에너지 생태계를 만들어 환경과 에너지 이슈에 대한 획기적 대응 방향을 제시하는 혁신에 있었기 때문이다.

　소비자 행동에 관한 다양한 데이터가 전기차 구매자들로부터 쌓이고, 막대한 양의 데이터는 소비자 삶의 질과 효율적 행동 패턴을 유도하는 훌륭한 토대로 활용될 것이다. 빅데이터의 힘이 작용한다. 소비자 개개인에 맞춤형 서비스가 제공될 수 있다. 출퇴근 시간대와 루트를 조정해 운전 시간을 획기적으로 단축하고, 방문지 분석을 통해서 늘어난 여유시간 활용의 현명한 제안도 가능해진다. 미처 하지 못했거나 잊고 있던 쇼핑 목록도 차 안의 디스플레이 패널을 통해 알려주고 그 자리에서 온라인 주문까지 실행할 수 있다. 금융거래가 가능한 것은 당연하다. 자동차가 생활 옴니 플랫폼으로 전환되는 모습을 목격하는 순간이다.

　산업의 경계를 무너뜨리는 테슬라 혁신의 동력은 CEO 일론 머스크(Elon Musk)의 'X'에 대한 집착에서 찾아볼 수 있다. 일론 머스크가 스물네 살에 처음으로 창업한 회사는 인터넷 기반으로 지역 정보를 제공하는 집투(ZIP2)라는 회사이다. 그는 4년 만에 이 회사를 컴팩에 2200만 달러에 매각하고, 다시 온라인 금융서비스업에 뛰어든다. 그때 세운 회사 이름이 엑스닷컴(X.COM)이다. X.COM은 이메일주소를 이용한 송금 서비스를 기획하고, 비슷한 아이디어로 온라인 결제 서비스를 개발하고 있던 콘피니티(Confinity)를 인수 합병해 페이팔(Paypal)을 탄생시킨다. 엑스닷컴을 설립한 지 3년 만에 페이팔을 이베이(eBay)에 매각했는데, 그 가격은 무려 15억 달러다.

이 돈은 그의 우주와 재생에너지 산업에 대한 열정을 실현하는 종잣돈이 된다. 우주를 향한 일론 머스크의 꿈은 스페이스엑스(SpaceX) 설립으로 이어진다. 두 번째 'X'다. 스페이스엑스는 18년 만에 민간 우주선으로는 처음으로 두 명의 우주비행사를 태우고 국제우주정거장(ISS) 도킹에 성공했다. 화성에 식민지를 건설하겠다는 그의 '황당한' 꿈에 한 발짝 다가선 것이다.

스페이스엑스를 설립 후 일론 머스크는 테슬라모터스(Tesla Motors)에 650만 달러를 투자하면서 최대주주로 경영에 참여하기 시작한다. 테슬라가 2015년 출시한 세 번째 전기차 모델은 차 문이 상향으로 개폐되는 팔콘윙(falcon wing)을 장착한 '모델X(Model X)'이다. 일론 머스크의 세 번째 'X'인 셈이다.

최근 일론 머스크는 여자친구인 가수 그라임스(Grimes)와의 사이에서 낳은 딸 이름에도 'X'를 넣어 화제가 되었다. 그는 딸 이름의 'X'자 의미를 미지의 변수(unknown variable)라고 설명했다. 그에게 'X'는 아무도 가보지 않은 새로운 길을 스스로 개척하고 신세계를 만들어가겠다는 의지의 표현이다.

최고경영자의 혁신에 대한 열망과 열정이 산업의 경계를 허물고 새로운 경쟁력을 키운다. 새로운 지평이 열린다. 무한한 기업의 가치가 창출되고, 그 가치는 기업 구성원뿐만 아니라 사회 모든 구성원에게 미친다. DBS가 금융회사임을 부정하고 IT회사를 자임하는 변화이나, 스마트폰 제조 회사가 아니라 온라인 플랫폼 디자인 회사를 지향하는 애플사의 기업 비전은 일론 머스크와 같은 CEO의 창조적 경영 철학이 없다면 불가능한 일이다.

기업이 정해진 본질의 바뀜 없이 영원히 존속할 수 있을 것이라는 어리석은 생각은 기업을 코닥(Eastman Kodak)과 같은 운명에 빠뜨릴 수 있다. 과거의 영화에 집착해 변화를 거부하는 경영자는 기업 가치의 파괴자다. 허물어진 기업 가치는 직접적인 이해관계자들 뿐 아니라 사회, 국가 전체의 손실이다. 변화할 의지 없거나 능력이 없는 경영자라면 모두의 이익을 위해서 하루빨리 창의적 혁신 능력이 있는 후배에게 자리를 물려주는 용기라도 있어야 한다.

테슬라도 끊임없는 변화와 혁신의 의지를 상실하는 순간, 현재 시장에서 보여주고 있는 신뢰와 평가는 한순간에 무너질 수 있다. 기업 가치는 미래 가치의 현가라는 관점에서, 미래의 발전 가능성과 잠재력에 대한 확신을 주는 경영자의 비전과 실천력이야말로 기업 가치와 더불어 사회적 가치를 증진시키는 가장 중요한 원동력이된다. 산업의 새로운 지평을 여는 창조적 파괴를 이끌어갈 지도자가 많아지길 바라는 이유다.

리더의 실행력이
새로운 지평을 연다

일론 머스크는 마블 코믹스(Marvel Comics) 〈아이언맨(Iron man)〉의 주인공 토니 스타크(Tony Stark)의 현실판이라고 불리며, 거짓말쟁이 사기꾼이라는 비난을 견디어내며 테슬라 기적을 만들어냈다.

미국 헤지펀드인 스탠필 캐피털(Stanphyl Capital Partners)의 포트폴리오 매니저인 마크 스피겔(Mark Spiegel)은 일론 머스크를 병적인 거짓말쟁이라고 비난하면서 테슬라 주식을 공매도했다. 그러나 그가 제기했던 의혹들은 주장의 근거를 잃고, 결국 그는 최근 공매도 포지션을 처분했다는 서한을 펀드 투자자들 앞으로 보냈다. 일론 머스크는 충전 1회당 400km를 주행하는 전기차 모델을 생산해내고 있고, 3년 내 2만 5,000달러대의 완전 자율 주행 전기차를 생산해내겠다는 포부를 밝혔다. 전기차 기술 하나 없이 투자자들을 속였다고 주장하며 테슬라 주식을 대거 공매도 했던 스피겔은 결국 백기를 들었다.

전기차, 재활용 로켓, 화성 식민지 건설 등 엉뚱한 아이디어로 줄곧 괴짜라는 소리를 들었지만, 일론 머스크는 기상천외한 아이디어를 하나씩 실현함으로써 창조적 파괴의 혁신을 보여주었다. 래리 페이지(Larry Page)와 구글을 공동 창업한 세르게이 브린(Sergey Brin)은 "위대함을 창조하는 데 가장 중요한 요소는 아이디어 자체가 아니다. 핵심은 참신한 아이디어와 훌륭한 안목을 제대로 구현하고 전달할 수 있는 능력이다"라고 말했다. 실현되지 않는 아이디어는 그저 공상일 뿐이다.

아이디어를 구체화하고 실천하는 의지와 능력은 새로운 가치를 만들어내는 힘이다. 아이디어만 있다고 해서 변화가 일어나는 것은 아니다. 아이디어는 출발일 뿐이다. 남들이 비웃는 것은 아이디어의 황당함 때문이 아니라 그 아이디어를 현실화할 수 있는 가능성에 대한 믿음이 없기 때문이다. 실현 가능성이 없다는 세상의 무시에 과감히 맞서 세상이 틀렸음을 증명해 보이는 용기와 실행력이 세상을 바꾼다.

애플(Apple Inc.)의 창업자 스티브 잡스(Steve Jobs)는 췌장암 진단을 받고 1년 후, 스탠퍼드 대학교(Stanford University)의 한 졸업식 연설에서 죽음을 이야기했다. 우리에게 주어진 시간은 유한하므로 다른 사람의 삶을 살면서 소비할 시간이 없다는 것이다. 이미 결론지어진 다른 사람들 생각에 맞추어 사는 삶은 낭비 그 자체다. 다른 사람들의 의견 소음 속에 자기 내면의 목소리를 잠기게 해서는 안 된다. 자신의 가슴과 직관을 따르는 용기를 가져야 한다고 역설했다. 다른 사람들 눈치를 보며 머뭇거릴 것이 아니라, 믿음을 잃지 않고 용기 있게 자신의 꿈과 희망을 따라 나가야 한다. 유한한 삶의 시간과 죽음을 생각한다면 더는 잃을 것도 없다는 진실을 깨닫게 된다. 다른 이의 삶을 살면서 어떻게 세상을 바꿀 수 있겠는가?

스티브 첸(Steve Chen)은 죽음을 눈앞까지 경험하고 새로운 깨달음으로 다시 도전을 시작한 인물이다. 그는 유튜브(YouTube) 공동 창업자 중 한 명으로, 16억 달러가 넘는 가격으로 구글에 회사를 매각한 바로 다음 해에 뇌종양 진단을 받고 수술대에 올랐다. 하고 싶은 도전을 다 하기엔 유한한 삶이 너무 짧다는 깨달음을 얻은 그는, 한평생 다 쓸 수도 없는 부를 얻고도 편안한 삶을 거부하고 또 다른 도전의 고생을 선택했다. 스티브 첸은 수술에서 회복한 후, 아보스(Avos Systems)라는 인터넷 서비스회사를 창업 일주일에 100시간 넘게 일에 빠져 사는 초심의 열정을 보였다.

'Done is better than perfect(완벽하지 못하더라도 실행하라)'는 페이스북(Facebook) 해커문화의 좌우명과 같은 만트라(mantra)다. 완벽하지 않더라도 결과를 만들어내는 것이 훨씬 중요하다는 뜻이다. 완벽을 추구한다는 핑계로 일을 마무리 짓지 못하고 질질 끌다가 지쳐 결국 포기하고 만다. 어차피 완벽이란 없다. 결과물이 있어야 개선할 여지도 생긴다. 초창기 유튜브는 테스트 팀을 따로 운영하지 않았다고 한다. 문제를 찾는 데 시간을 허비하지 않고, 사용자 경험을 통해 서비스 향상의 길을 찾았다.

아마존(Amazon.com, Inc.)의 창업자 제프 베조스(Jeffrey Bezos)는 "만약 누구라도 당신을 항상 이해해주길 원한다면, 새로운 어떤 시도도 해서는 안 된다"라며, 창조는 본질적으로 파괴적임을 강조했다. 구태를 벗어나는 유일한 길은 그 틀을 부수는 것이다. 새로운 길을 만들어가는 노력은 혁신의 전제다. 성공하지 못한 시도보다 현실 안주(安住)는 훨씬 값비싼 비용이다. 제프 베조스의 혁신적 경영 철학은 아마존의 폭발적 성장을 견인하는 바탕이 되었다. 2001년 미국 리테일 전자상거래 시장에서 아마존의 시장 점유율은 50%를 넘어설 것으로 예상된다.

마지막 금 조각 하나까지 훑어간 골드러시 끝물의 허망함은 혁신에는 없다. '모든 새로움은 새로운 질문과 새로운 기회를 만들어낸다'는 말처럼 혁신에는 마지막이란 없기 때문이다. 실패는 변화와 성장의 밑거름이다. 실패를 두려워한다면 아무것도 하지 않으면 된다. 막대한 부를 이룬 성공한 창업가들이 또 다른 모험에 아낌없는 투자를 감행하는 것은 끊임없이 도전을 갈구하는 그들의 성공

DNA다.

　일론 머스크나 제프 베조스가 우주 산업에 뛰어든 배경도 비슷하다. 일론 머스크의 스페이스엑스(SpaceX)와 제프 베조스의 블루오리진(Blue Origin)은 모두 2024년까지 남녀 한 명씩을 달에 보내는 나사의 '아르테미스(Artemis)' 프로젝트의 파트너로 선정되었다. 제프 베조스는 지구 에너지 문제 해결을 위해 달에 인류 전초기지를 만들겠다는 목표로 사재 5억 달러를 털어 블루오리진을 설립했다. 일론 머스크가 스페이스엑스를 세우기 2년 전의 일이다. 한해 10억 달러에 이르는 비용은 제프 베조스가 아마존 주식을 팔아 충당하기도 한다. 뼛속까지 도전과 혁신의 유전자가 없으면 불가능한 일이다.

　재산이 1,000억 달러가 넘는 것으로 알려진 마이크로소프트(Microsoft Corporation) 창업자 빌 게이츠(Bill Gates)는 새로운 방법으로 세상을 바꾸는 노력을 기울이고 있다. 그의 변화에 대한 접근은 좀 더 거시적이다. 교육·기후 변화·건강, 세 분야의 개혁을 통해서 새로운 미래 희망을 만들고 인류의 보편적 복지를 확대하겠다는 꿈을 실현하고 있다. 특히 교육이야말로 세상을 바꾸는 변화의 플라이휠을 돌릴 수 있다는 그의 신념은 50억 달러가 넘는 교육 관련 투자를 가능하게 했다. 전 세계의 발전적 변화를 이루기 위해서 개인 재산의 반 이상을 쏟아부어도 그는 아깝지 않고 말한다.

2019년 아람코(Saudi Aramco)가 기록을 깨기 전까지, 250억 달러의 기업 공개(IPO) 규모 신기록을 세웠던 중국 알리바바의 마윈(Ma Yun) 회장은 대부분 테크기업 창업자들과 달리 컴퓨터 공학 배경 없이 세계 최대의 전자상거래 기업을 만들어낸 특이한 이력의 소유자다. 영어 강사였던 그는 인터넷이 세상을 바꿀 것이라는 확신으로 단돈 8,000만 원으로 알리바바를 설립했다. 현재 이 기업의 시가총액은 750억 달러에 달한다. 그가 세상을 뒤바꾸는 혁신을 만들어낸 힘은 절대 포기하지 않는 집념에서 나왔다. 부족한 것은 '돈'이 아니라 리더의 선견지명과 같은 꿈을 좇아 전력을 다해줄 동료들이라고 주장하는 마윈 회장은 일생에 단 한 번만이라도 무언가에 전념해 몰입해봐야 한다는 신념의 소유자다. 실행하지 않으면 이룰 수 있는 것은 아무것도 없다.

애플이나 구글의 성공과는 비교할 수 없겠지만, 월급쟁이로는 상상할 수도 없는 부를 실현한 벤처 사업가인 지인 한 명이, 이제 더는 일하지 않겠다며 은퇴를 선언하고 미국으로 향했다. 자기가 좋아하는 골프와 여행만 하면서 삶을 즐기겠다고 떠난 그가 1년도 되지 않아 연락이 왔다. 한국으로 돌아와 다시 창업을 했다는 것이다. 그는 미국에서 변화의 세상을 보았고, 다시 살아난 도전의 의지를 펼쳤다. 그에게 도전은 다른 어떤 취미보다 훨씬 더 큰 즐거움이다. 즐거움은 열정을 불러일으키고 변화와 혁신을 가능하게 한다.

팻 맥라건(Patricia McLagan)의 《Change is Everybody's Business(변화는 일상이다)》라는 책에서 '리더는 변화를 생각만 하는 사람이 아니라 동시에 변화를 실행하는 사람이어야 한다'고 했다. 《바보들은 항상 결심만 한다》라고 번역된 책 제목처럼[31] 행동의 신념이 변화를 창조하는 것이다. 조직에 볼모로 잡혀 무력하게 남에게 의존하는 사람이 되어서는 미래를 책임지는 리더가 될 수 없다.

세상의 새로운 지평을 연 사람들의 공통된 특징은 '창의력', '실행할 용기', '고집스러운 열정'이다. 리더는 미래를 읽고 전망을 제시하는 사람이다. 구성원들은 그의 창조적 비전을 믿고 따른다. 그러나 그 비전과 꿈을 실행에 옮기지 않는다면 아무 소용이 없다. 변화의 완성은 실행이다. 실패를 두려워하지 않는 실행력은 성공한 리더들의 핵심 경쟁력이다.

아무리 훌륭한 아이디어와 계획도 리더 혼자 실행하기는 어렵다. 같이 갈 수 있는 사람들이 필요하다. 함께 같은 길을 가고자 하는 구성원들을 끝까지 끌고 가는 힘은 열정이다. 열정의 전파력은 예상외로 빠르다. 리더의 고집과 열정은 구성원들의 또 다른 열정으로 이어지고 포기하지 않는 도전으로 이어진다.

---

31. 윤희기 옮김(2002. 11), 출판사 예문

새로운 미래는 가만히 앉아 기다리는 자에게 문을 열지 않는다. 창조적 미래를 설계하고, 그 문을 스스로 여는 자에게만 새로운 세계가 펼쳐진다. 오늘은 고통스럽고 내일은 더 혹독할 수 있다. 그러나 아름다운 모레가 있다. 행동 에너지가 넘치는 창의적 리더의 고집이 우리가 원하는 새로운 세상의 지평을 연다.

2.
한국 금융회사들은
왜 평가 절하되었는가

한국 금융산업의 플라이휠,
누가 돌릴 것인가?

    한국 은행 금융그룹들의 시장 평가는 걱정스러울 정도다. COVID -19 여파로 금융산업이 상대적으로 더 부정적 영향을 받기도 했지만, 그 이전의 평가 역시 처참하다. 최근 금융지주사들의 주가순자산비율(Price to Book Ratio, PBR)은 0.2~0.4배 사이를 벗어나지 못하고 있고, 주가수익비율(Price to Earning Ratio, PER)은 고작 3~5배 사이다.

    PBR 0.3이면 차라리 청산해서 훨씬 높은 수익률이 기대되는 투자처로 갈아타는 것이 나을 수도 있다고 해석할 수 있다. 자산의 건전성이 제대로 평가되지 않아 적정한 대손충당금이 적립되어 있지 않아 자산 가치가 과대평가되어 있다면, 그나마 이렇게 낮은 PBR을 이해할 수도 있겠다. 하지만 1990년대 이후 두 차례 금융위기를 겪으면서 국내 금융기관의 리스크 관리 시스템은 소위 'forward looking criteria(미래 상환 능력에 따른 자산 건전성 분류 기준)'라는 국제 수준으로 향상되었고, 감독 당국의 철저한 감독하에 금융회사들 충당금의 적정성을 의심할 이유는 없다. 순자산 가치가 제대로 평가되었다는 전제에서 이런 낮은 PBR을 어떻게 설명할 수 있을까?

시장 전문가 중 누구도 한국의 금융그룹 주가가 말도 안 되게 낮으니 확실한 큰 수익을 기대할 수 있는 좋은 투자 대상이라고 말하지 못한다. 시장은 어리석지 않다. 많은 사람들이 그런 생각을 하고 있다면, 주가가 그 수준에서 형성될 리가 없다. 시장의 컨센서스가 그러하다면 분명히 이유가 있다.

자산규모가 은행 금융그룹의 20분의 1도 안 되는 카카오뱅크의 시장 가치가 최근 장외 주식 시장에서 4대 금융지주 시총의 합을 넘어섰다.[32] 이런 현상을 과열이라 걱정하는 증권 전문가들도 8~9조 원의 가치를 추정하고 있다. 카카오뱅크의 순자산 가치를 기준으로 적어도 네다섯 배의 평가를 하는 것이다. 기존 레거시 금융회사의 PBR과 비교하면 무려 열 배가 넘는 평가다.

이런 차이를 설명할 수 있는 유일한 키워드는 '미래 성장 가능성'이다. 미래 금융의 역할을 단순히 예대금리차 마진에 기반한 자

---

32. 2020년 9월 16일 기준, 장외 주식 거래 플랫폼인 증권플러스 비상장 거래가 주당 12만 5,000원 기준, 46조 2,200억 원.

산 장사가 아니라 삶의 질을 향상시키는 생활 플랫폼으로 보는 패러다임의 대전환을 예고하는 것이다. 예금과 대출을 연계하는 재무적 중계자 역할을 벗어나, 고객 여정의 전 과정에서 삶을 설계하고 통점(pain point)을 해결해주는 자산 설계자이며, 생활 설계자로서의 역할을 기대하는 것이다.

이런 기대를 인터넷 뱅크의 플랫폼이 만들어내고 있다. 이들 플랫폼은 '연결'의 고리다. 외부의 다양한 기능들이 이 플랫폼과 연결되어 상상할 수 없는 지평의 확대를 만들어낸다. 조회나 이체 등, 은행의 핵심 금융기능을 표준화해 다른 사업자에 개방하는 오픈뱅킹과 여러 금융회사에 흩어진 금융정보를 통합 관리할 수 있는 마이데이터 사업 출범은 연결의 확장성을 기하급수적으로 키울 수 있는 전환점이다. 혼자서는 해낼 수 없는 페인 포인트 해결 솔루션을 다양한 참여자로부터 공급받아 소비자에게 연결해주는 큰 장이 서게 되는 것이다.

오픈뱅킹을 가장 먼저 시도한 영국의 경우, 오픈뱅킹을 통해 핀테크 기업과 같은 제삼자와 계좌 정보를 공유하고 있는 고객 수는 지난 6개월간 두 배로 증가했고, 그 증가 속도는 훨씬 빨라질 수 있다는 최근 보도가 있었다. 오픈뱅킹 서비스를 제공하는 업체수도 2018년 말 100개에서 2019년 말 204개로, 두 배 이상 증가했다. 오픈뱅킹 서비스를 이용하고 있는 고객들이 기존 계좌 보유 은행들에게 요구한 정보제공 건수는 월 2억 건을 넘어섰다. 월 5만 건이 넘는 송금이 은행 소유가 아닌 제삼자 애플리케이션을 통해 이루어 졌다는 사실은 기존은행의 전통적 기능이 얼마나 빠르게 잠식당하고 있는지 여실히 보여주는 사례 중 하나다.

라이선스 비즈니스의 혜택을 보장해주었던 규제 산업의 보호막에 조금씩 균열이 생기고 있다. 갈라진 미세한 틈이 보호막 전체를 부숴버리게 되는 상황은 언제라도 발생할 수 있다. 당연하게 생각했던 금융회사들의 이익과 생존은 더 이상 굳은자가 아니다. 어차피 은행은 과점 산업으로 금융위기와 같은 최악의 극한 상황만 아니라면 그럭저럭 일정 수준의 이익은 유지할 수 있는 보호 산업 아니냐는 평가는 지금까지 금융그룹이 얼마나 편안하고 안이하게 지내왔는지를 반성하게 하는 일침이 아닐 수 없다. 경영진 내 다툼이 벌어지고 지배구조에 심각한 문제가 일어나도, 사회적 이슈가 될 만한 소비자 보호 문제를 일으키고도, 아무 일 없는 듯 자산 성장이 목표를 초과했다느니, 사상 최대의 이익을 냈다느니 자랑해대니, 누가 CEO가 되든 아무 상관없는 곳이 우리나라의 금융그룹이라는 말을 듣는 것이다. 예대 마진이 아무리 떨어진들, 어차피 보장된 시스템 안에서 잘 먹고 잘사는 동네라는 오명을 뒤집어쓰고 있는 셈이다.

그러나 이제는 아니다. 그 증거가 금융그룹에 대한 처참한 시장 평가다. 파괴적 혁신의 시대에 변화하지 않으면, 레거시 금융회사들의 미래는 없다. 진입 규제의 보호막 아래 어떻게든 살아갈 수 있다는 안일한 생각을 한다면 큰 착각이다. 이미 규제 밖에서 기존 라이선스 금융회사들이 누려왔던 알짜배기 굳은자 비즈니스의 상당 부분을 훨씬 효율적으로 수행해내고 있다.

주주들에게 주가 대비 두세 배나 되는 금융그룹 자본금을 청산해서 나누어줄 수밖에 없는 날이 올 수 있다는 절박한 위기의식으로 근본적 변화를 모색하지 않고서는 미래 경쟁력은 있을 수 없다. 이런 강력한 변화는 리더의 의지로 이끌어내야 한다. 지금까지 그래 왔듯이, 누가 CEO가 되든 상관없이 잘 굴러갈 수 있다는 생각은 치명적 착각이다. 4차 산업혁명 시대에 엄청난 충격을 직격으로 맞는 산업이 금융산업이기 때문이다. 책임질 일 없는 크나큰 권한에 보수 좋은 편안한 자리가 되어서는 안 된다. 10년 후 조직의 운명을 후배들에게 떠넘겨서는 안 된다.

최고경영자는 조직의 미래를 책임질 리더로서 변화에 대한 확고한 의지와 각오가 필요하다. 변화의 방향을 제시할 수 있는 능력을 갖추어야 함은 물론이다. 뉴노멀 시대의 통섭은 필수다. 리더는 과거의 영광을 버리고 오직 미래를 향한 변화의 수레바퀴를 돌릴 수 있는 객관적이고 비판적인 통찰력이 필요하다. 변화의 플라이휠(flywheel)을 돌리기 위해서는 첫 회전을 만들어내는 엄청난 힘의 추진력이 필요하다. 플라이휠은 한번 돌아가기 시작하면 관성에 의해 스스로 돌아가지만, 그 한 번이 전혀 쉽지 않다. CEO는 성장을 만드는 선순환의 수레바퀴의 첫 회전을 만들기 위한 강력한 추진력을 발휘해야만 한다.

아마존을 세계 1등 기업으로 만든 CEO 제프 베조스의 끊임없는 창의적 노력은 기업 성장의 선순환 플라이휠을 돌리는 추진력이 되었다. 고객 경험을 향상시키고 트래픽을 늘리면, 판매자가 자연스럽게 늘어나게 되어 품질 좋은 상품을 저렴한 가격으로 구매할 수 있는 고객 만족으로 이어진다. 고객 만족은 더 많은 트래픽으로 이어지는 선순환이 이루어진다. 그의 플라이휠 중심에는 고객에 대한 집착이 자리 잡고 있어 파격의 혁신을 끌어내는 힘으로 작용한다. 멈춰 있는 휠의 첫 바퀴를 돌리는 동력 전달자이자 운전자로서 CEO의 책임을 보여준다. 돌아가기 시작한 바퀴는 저절로 탄력을 받아 점점 더 속도를 낼 수 있다. 변혁의 시대를 헤쳐나가려는 리더의 의지와 노력만이 플라이휠을 돌릴 수 있다.

비단 금융업만의 일이 아니다. 모든 산업이 변화의 물결에서 벗어날 수 없다. 미래 경쟁력의 확보는 기업의 지속 가능성을 결정하는 요소이자, 구성원 모두의 삶에 중대한 영향을 미친다. 리더의 자리는 절대 누리는 자리가 되어서는 안 된다. 리더에게는 기업 가치가 제자리를 찾아가게 할 책임이 있다. 자리에 앉는 것이 목적이 되어서는 기업 가치의 재평가는 어림도 없다.

CEO가 자리를 즐기는 동안, 플라이휠은 녹슬고 무거워진다. 오랫동안 멈춰 선 바퀴는 아무리 기름칠해도 좀처럼 움직이지 않는다. 휠을 돌리기가 점점 더 힘이 들고, 결국 고철이 되어버린다. 고철덩이가 되어버린 플라이휠을 후배들에게 물려줄 수는 없지 않은가?

애사심과 기업 가치의
함수를 파악하라

1998년 1월 미국 'windy city' 시카고의 겨울 아침 바람은 그 명성만큼이나 매섭고 날카로웠다. 햇빛은 두터운 눈구름에 가려 오전 9시가 되어서도 초저녁처럼 어둑어둑하다. 아시아 금융위기의 험난한 파도를 넘지 못하고 결국 IMF 구제 금융을 받을 수밖에 없었던 한국의 암울한 상황이 시카고의 칼바람 속에서 더욱 아프게 가슴을 파고든다.

금융위기 상황에서 외자 유치 성사 여부가 은행의 생존을 가름했던 터라 국내 모든 은행은 해외 자금 유치에 목숨을 걸었다 해도 과언이 아니었고, 투자자를 찾아다니며 자금을 구걸하다시피 했던 해외 출장은 결코 즐거운 기억이 아니다. 당시 은행에서 외자 유치 업무를 맡고 있던 필자는, 행장을 수행해 불과 일주일 만에 미국과 일본의 여섯 개 도시를 방문하는 초인적 출장 일정을 소화해야 했다, 몸과 마음이 서서히 지쳐가기 시작한 출장 3일째 방문지가 시카고였고, 그곳의 살을 에는 듯한 매서운 겨울바람은 출발 전 다짐했던 각오를 움츠리게 할 만큼 차갑게 느껴졌다.

시카고는 미국 중부 금융 중심지로 협조를 구할 수 있는 금융기관들이 많은 곳이기도 하지만, 필자가 하나은행으로 옮기기 전 근무했던 퍼스트 시카고(First Chicago)의 본사가 있는 곳이라 특별한 인연이 있는 지역이기도 하다. 찬바람을 맞으며 도착한 퍼스트 시카고 플라자(First Chicago Plaza)[33] 광장에 들어서는 순간, 가슴속 깊은 곳으로부터 뜨거운 감정이 솟아올랐다. 전혀 예상치 못한 곳에서 발견한 태극기 때문이다.

지금까지 국기 게양대에 걸린 태극기 중 그렇게 큰 태극기는 본 적이 없었다. 퍼스트 시카고 플라자 광장에 있는 게양대에는 그 정도로 큰 태극기가 걸려 있었다. 태극기를 펄럭이는 찬바람이 더는 매섭지 않다. 멍하니 태극기를 바라보다가 한국의 절망스러운 상황을 극복하기 위한 몸부림 속에 자리 잡고 있던 복잡한 감정이 벅찬 감동이 되어 가슴속으로 흘러내렸다.

---

33. 지금은 'First Chicago' 은행이 여러 합병을 거쳐 'JP Morgan Plaza'가 되었다.

우리나라 은행들에 대한 해외은행의 자금 지원 협상이 간사단을 중심으로 공동으로 진행되고 있어 개별은행이 당장 지원을 약속하기는 어려운 여건이었으므로, 우리의 방문을 맞이하는 퍼스트 시카고 은행 입장에서는 뚜렷한 지원 방안을 제안해줄 수 없는 미안함을 대한민국의 자존심을 살려주는 방법으로 대신한 듯하다. 그 큰 태극기는 도대체 어디서 구했을지 지금도 궁금하다.

작은 한 은행의 미약한 힘으로 엄중한 국가적 위기를 어찌 해결할 수 있을까마는, 태극기는 아무리 작은 힘이라도 더하고 보태야겠다는 의지와 다짐을 불러일으켜 지쳐가는 몸과 마음을 다시 추스르고 나머지 일정을 계획한 대로 마칠 있는 힘이 돼주었다. 출장 후 포기하지 않고 노력해 하나은행이 금융위기 이후 금융권 처음으로 세계은행그룹 IFC(International Finance Corporation, 국제금융공사)의 투자를 성공적으로 유치하는 큰 성과를 거두었고, 한국 금융산업의 신뢰를 회복하는 계기를 마련했다. 아마도 금 모으기 운동에 참여한 국민의 마음이 이와 같지 않았을까?

시카고 하늘에 나부낀 태극기는 가슴 속 깊이 잠재하고 있는 애국심을 불러일으켰음에 틀림이 없다. 더구나 극단의 위기 상황에서는 애국심이 금융·경제의 문제마저 그 해결의 실마리를 제공한다. 금 모으기를 통해 보여준 국민의 애국심과 저력이 위기를 극복하는 큰 힘이 되었듯 말이다.

투기 등급으로 하락했던 1997년 금융위기 이후 한국 경제는 빠른 속도로 회복해, 2002년 이후 줄곧 A등급 이상의 상승세를 유지하고 있다. 대한민국의 신용등급은 2019년 기준 S&P AA, Moody's Aa2로 최상위 수준이다.

그러나 한국 국채 가산금리로 나타나는 시장의 신용도는 국제 신용평가기관의 등급과는 항상 괴리가 있었다. 사장의 가산금리는 거시적 요인뿐만 아니라 시장 유동성, 투자 성향 변화 등 다양한 원인이 영향을 미치므로 항상 신용등급과 선형 대응되는 것은 아니라 하더라도, 다른 선진 국가의 경우와 비교하면 신용등급과 시장가격 간의 이격이 상대적으로 큰 것이 사실이다.

대체로 국가 신용등급과 국가 CDS 프리미엄, 외평채 가산금리는 장기 균형관계가 존재하나, 실제로 과거 한국의 외국환평형기금채권(foreign exchange equalization bond, 외평채) 가산금리는 국가 신용등급과는 달리 변화의 폭이 상대적으로 커 안정적이지 못한 모습을 보인 시기도 상당히 많다.

2015년 국가 신용등급이 Aa2(Moody's 기준)로 상승한 이후, 가산금리가 비교적 큰 변동을 보이지 않는 가운데, 2019년 현재 외평채 가산금리는 10년물 기준 30bp대, 30년물 기준 50bp대 수준으로 비교적 안정적인 모습을 보이고 있으나, 신용등급이 상승하거나 변화가 없는 시기에도 가산금리가 급등한 사례는 많다.

금융위기를 극복하고 국가 신용등급이 A3(moody's 기준, S&P A-)로 상승한 2002년 이후, 한때 외평채 가산금리가 195bp까지 급등했던 적도 있고, A2 신용등급을 유지했던 2008년에는 무려 300bp 이상의 가산금리 상승을 경험하기도 했다. 2010년에도 신용등급은 A1으로 개선되었지만, 100bp 수준의 가산금리가 악화되었다. 물론 북핵 위기 등 북한과의 관계 악화, 서브프라임 모기지 사태로 인한 미국 금융시장 위기 등의 시장 변수가 작용했기 때문이지만, 중장기적으로 한국의 신용 상태에 변화를 주는 상황이 아니었음에도 채권가격이 시장 불안 심리로 요동친 것이다.

시장의 변덕은 오히려 훌륭한 투자 기회가 된다. 물론 우리 스스로에 대한 믿음을 전제로 할 때 그렇다. 2003년 한국 외평채 가산금리가 급등할 당시, 필자는 신용등급에서 보여주는 한국의 거시적 경제 안정성에 대한 믿음으로 외평채 투자를 감행, 많은 수익을 시현한 경험이 있다. 모 일간지에서는 '하나은행의 애국심'이라는 꼭지로 기사를 쓰기도 했다.

투자 의사결정이 애국심으로 이루어진다는 것은 논리적이지 않을 수 있다. 학교에서 배운 투자론 원칙에도 맞지 않다. 하지만 애국심의 밑바탕에는 자신감이 배어 있다. 어떤 위기도 극복하고 다시 일어설 수 있다는 자신감이다.

9·11 사태 이후 미국 시장의 '애국 랠리'를 기억할 것이다. 애국심과 시장과의 함수를 수학적으로 정의할 수는 없다. 그러나 대한민국에 대한 믿음은 대한민국 국민에게 있다. 우리 자신에 대한 믿음을 포기하는 순간, 눈치 빠른 시장은 더욱 나쁜 쪽으로 반응하고 결국 무너져버릴 것이다. 우리가 우리를 스스로 저버리지 않는 한, 애국심은 시장을 결정하는 주요한 독립변수로 작용할 것이며, P(대한민국 시장 가치) = f(애국심)를 증명해낼 것이다.

기업도 마찬가지다. 국가에 기업을 대치하고 애국심에 애사심을 치환하면 기업 가치와 애사심의 가치함수 P(기업 시장 가치) = f(애사심)가 성립한다. 그러나 애사심이 저절로 생기는 것은 아니다. 애사심은 구성원들의 소속감으로부터 나온다. 소속감 없는 애사심은 있을 수 없다. 결국 기업 가치는 소속감의 함수가 된다. 구성원들의 소속감은 회사의 비전과 기업의 비전이 연결되어 일체감이 만들어질 때 비로소 형성된다. 회사의 비전을 성취하는 길이 구성원 개인의 비전을 실현하는 길로 이어질 때, 일에 대한 몰입도가 높아지고 성과도 향상되는 것은 당연하다. 소속감은 구성원들을 동료애로 뭉쳐 한 방향을 움직이게 하는 엔진과도 같다.

소속감은 강요되는 것이 아니다. 기업의 리더는 구성원들이 스스로 소속감을 느낄 수 있는 여건을 만들어내야 한다. 우선 '배려'다. 구성원들 한 사람, 한 사람이 배려받고 있다는 생각을 할 수 있어야 한다. 인재 육성이나 경력 개발 프로그램이 제대로 작동되어야 한다. 개개인의 희망과 꿈이 반영될 수 있도록 친밀한 소통과 배려가 이루어져야 한다. 자신이 하는 업무가 자신의 미래 목표를 이루는 과정이라는 믿음은 일에 대한 애착과 열정을 동반한다. 소속감은 더 커진다.

구성원들의 의지가 반영되지 않은 인사는 자신들이 회사의 소모품이 되었다는 실망감을 줄 뿐, 조직과 같이 성장해나갈 인재로 평가받았다는 신뢰를 갖지 못한다. 소속감을 기대할 수가 없다. 제도는 있으나 목적 적합성이 떨어지는 운영이 소속감을 떨어뜨린다. 회사의 가장 중요한 자산이자 동반자로서 구성원들을 인정할 때, 그들의 소속감은 애사심이 되고, 그 애사심이 회사의 가치와 미래 성장 가능성을 지켜낼 수 있다.

＊

전지적 은행원 시점으로는
고객이 보이지 않는다

세계은행 글로벌 핀덱스(Global Findex)에 의하면, 2017년 기준 한국의 15세 이상 인구의 95%가 은행 계좌를 보유하고 은행 거래를 하고 있다. 일본의 98%보다는 낮으나 미국의 94%보다 높다. 신흥 개발국인 중국의 80%에 비해서는 월등히 높은 비율이다. 특히 은행 거래고객의 모바일뱅킹 침투율은 99%에 다다른다.

은행 침투율(penetration rate)만 보면 경제 활동을 하는 거의 모든 국민이 은행 문을 드나들며 자유로운 은행 거래를 수행하고 있는 것처럼 보인다. 그러나 은행 침투율은 단순히 통계 대상자의 은행 계좌 보유 비율을 의미할 뿐이기에 단순 지수 자체만으로 은행 접근성을 평가하는 것은 무리가 있다. 물론 은행 계좌 보유 비율이 한 국가의 금융소비자가 금융시스템에 참여하는 정도와 참여자들이 받는 시스템의 혜택 수준을 가늠할 수 있는 지표로 활용될 수는 있겠지만, 입출금 등 결제 시스템의 접근 가능성이나 용이성을 금융 접근성이라 할 수는 없다.

금융소비자 입장에서 금융접근성이란 단순한 금융계좌의 개설 가능성이 아니라, 금융서비스가 필요한 시점에 원하는 서비스를 얼마나 용이하게 받을 수 있느냐의 문제다. 특히 자금 수요가 발생할 때 얼마나 쉽고 편하게 신용공여가 이루어질 수 있는가는 금융소비자가 가장 중요하다고 생각하는 금융접근성이다.

대출 프로세스를 겪어본 많은 금융소비자들 중, 그 과정이 쉽고 편안하다고 생각하는 소비자들이 얼마나 될까? 신용공여자의 권한을 추상같이 휘두르면서 정작 소비자 입장이나 주장은 무시되는 불편한 경험을 한 번이라도 해본 소비자들에겐 은행의 문턱은 넘지 못할 산처럼 높다. 원칙과 기준을 따르고 정직성을 지키는 것이라 믿고 정당화했던 금융회사의 의사결정이나 행동이 소비자 입장에서는 권한을 가진 자의 일방적 '갑질'일 뿐이라고 여겨질 수 있다.

'전지적 은행원 시점'에서 바라본 소비자 요구는 그저 근거 없는 부당한 요구일 가능성이 크다. 상대방의 모든 상황을 다 안다고 확신하고 판단하는 전지적인 관점에서는 소비자들이 들어달라는 요청은 가차 없이 잘라 버려야 하는 부당한 부탁이다. 그러다 보니 의사결정 프로세스는 '되는 방법'을 찾는 것이 아니라, '안 되는 방법'

을 찾는 일이 된다. 거절할 적절한 이유를 만들어내는 과정과 다름 없다. 경제 활동 인구의 거의 전부가 은행 계좌를 보유하고 있는 나라에서 은행 문턱이 높다는 이야기가 끊임없이 나오는 이유가 여기에 있다. 정말 필요한 시점에서는 은행 문이 굳게 닫힌다. 어떻게든 열어보려 하지만, 역부족이다.

은행들이 지키려고 하는 원칙은 철저하게 은행 보호 입장이다. 대출 관련 부실은 직원의 커리어에 상당한 부담을 준다. 그러다 보니 소비자들의 은행 접근성에도 부익부 빈익빈 현상이 일어나게 된다. 유형의 담보가 충분한 고객은 서로 대출해주겠다며 찾아오는 금융회사들을 피하느라 힘들 정도다. 필요 이상의 넉넉한 여신 제공 기회가 제공되고 단지 소비자 선택의 문제가 된다. 그러나 미래의 사업성과 사업자의 열정만이 담보인 고객은 그 사업성을 증명해낼 기회조차 얻지 못하고 꿈을 접어야 한다.

최근 수년간 금융회사들이 여신제도 개선 노력을 지속하고 있고, 금융당국 또한 담당 직원 개개인에게 대출 부실의 책임을 묻는 관행을 바꾸는 등, 금융접근성을 높이기 위한 환경 개선이 이루어지고 있는 것은 참으로 다행스러운 일이다. 하지만 업무 일선에서의 변화는 아직 크지 않다. 부실 대출에 대한 직접적인 처벌 규정이 적용되지 않는다고 하더라도, 부실여신 생산자라는 오점이 경력 내내 남아 개인적인 성장 기회에 발목을 잡히지 않을까 노심초사한다.

최근 국회에 제출된 자료[34]에 따르면, 시중은행의 중소기업 대출 중 신용대출 비중은 2015년 말 33.3%에서 2020년 6월 말 기준 25.2%로 떨어졌다. 대기업에도 동 기간 신용대출 비중이 줄기는 했지만, 66% 이상의 신용대출 비중을 유지하면서 중소기업과는 큰 차이를 보인다. 신용 의사결정이 훨씬 쉬운 대기업과 달리, 자금 지원이 절실한 중소기업은 담보나 보증 없이 은행 대출을 받기가 더 어려워졌다는 이야기다. 기술금융과 기술혁신을 외치며 자본력이 부족하지만, 기술력 있는 중소기업을 발굴하고 적극적인 자금 지원을 통한 중소기업 경쟁력을 키우겠다는 정책도 결국 은행들의 변화를 이끌어내지 못했다.

기술금융(TCB)도 그 이름에 걸맞지 않게 담보 대출 위주로 증가했다는 사실은 은행 관행이 전혀 변하지 않았다는 방증이다. 제도나 정책이 의도하는 취지와 상반된 결과는 제도의 시행 목적과 운영·관리가 일관성이 없기 때문에 발생한다. 기업이 보유한 기술의 가치와 성장 잠재력 평가를 근간으로 자금 지원 가능성을 판단하고 경쟁력을 키울 수 있는 기회를 제공함으로써 기업의 발전을 돕는다는 제도의 취지가 단지 지원 건수나 절대 금액을 기준으로 평가하고 순위를 매기는 관리 행태로 왜곡되는 현상이 나타나게 된다. 은

---

34. 국회 정무위 윤관석의원실 '2015년 이후 시중은행 기업 대출 현황'.

행들은 기술평가나 미래 가치 추정 등 전문성 확보 노력보다는 담보에 의존한 계수 채우기가 우선순위가 된다. 은행 문턱은 오히려 더 높아지는 악순환이 되풀이된다.

리스크 관리의 가장 쉬운 방법은 '아무것도 하지 않는 것'이다. 조금이라도 불확실성이 있다면 안 하면 그만이다. 기술력을 평가할 만한 전문성도, 의사결정 결과에 대한 자신도 없으니 판단할 수가 없다. 담보 요청이 유일한 대안이다. 담보력이 없는 기업은 기술 가치를 실현시킬 기회조차 얻지 못한다. 위험이 없는 사업은 있을 수 없다. 중요한 것은 위험의 유무가 아니라 그 위험의 본질이 무엇인지, 그 위험의 크기가 어느 정도인지를 파악하고 가늠해내는 능력이다.

'담보력이 없어도 중소기업의 부실 위험은 적다'라는 가설은 진실일 확률이 극히 낮아 처음부터 기각될 것으로 예상하며 세운 은행의 귀무가설(null hypothesis)이다. 심사의 방향 역시 이 가설이 거짓일 경우에도 수용되는 제2종 부정오류의 회피를 최우선으로 한다. 어차피 기각을 전제로 세운 가설이니 심사가 기각할 이유를 찾는 데 집중된다. 부실 위험이 큰 기업의 신용 상태를 잘못 판단해 여신이 부실화되는 책임은 감내하기 힘들다. 이 가설이 참임에도 불구하고 기각하는 제1종의 긍정오류 리스크는 고려 대상이 아니다. 그러나 미래 성장 가능성을 알아보지 못하고 기업의 발전 기회를 박탈함으로써 발생할 수 있는 기회비용은 여신 부실로 인해 발생하는 비용만큼이나 높다. 여신 부실 발생 여부로 성과를 측정하는 평가 관리 시스템은 미래에 큰 성장을 이룰 수 있는 좋은 기업을 놓치는 오류를 모르는 척한다.

금융회사는 예금자가 맡긴 자금의 관리자로서 신의성실의 원칙에 따라 관리해야 할 책임이 있다. 따라서 철저한 리스크 관리는 금융회사의 최소한의 의무다. 그러나 리스크 관리가 무조건적인 위험 회피를 의미하는 것은 아니다. 시장에서 통용되는 'NR NR'이라는 표현이 있다. 'No risk, No return'의 약자로, 리스크 없는 이익은 없다는 뜻이다. 무모하게 리스크를 감수하라는 것은 당연히 아니다. 투자 대상이나 기업에 대한 정확한 이해를 바탕으로 관련된 리스크의 객관적 측정이 이루어지고 의사결정 과정에 적절히 반영하는 프로세스가 리스크 관리다. 측정된 리스크는 금리, 요율 등 금융상품의 가격 결정에 반영하고, 그 리스크를 지속해서 추적 평가할 수 있도록 계약조항(covenant)과 같은 여러 관리 장치를 마련하면 된다.

금융의 핵심 역량 중 하나가 바로 리스크 관리다. 금융회사가 다른 분야는 다 아웃소싱을 한다 해도 리스크 관리만큼은 내부에 지켜내야 할 중요한 금융의 본질이다. 그렇게 할 능력이 없거나 의사가 없다면 금융회사로의 역할은 없다. 결국 그 피해는 예금자나 대출 소비자에게 고스란히 돌아가게 되고, 소비자의 금융접근성은 한없이 떨어질 수밖에 없다.

창업 초기의 기업 지원을 위한 엔젤 펀드나 벤처 투자 등의 지원 생태계가 성숙되어 자금 조달 방법의 다양성이 확대돼야 함은 물론, 조직 내 심사 분석의 전문성을 키우고 새로운 관점의 리스크 관리 능력을 내재화해야 한다.

금융은 꿈이 있고 의지가 있는 금융소비자들이 그 꿈과 희망을 실현해내는 데 확실한 지원자가 되어야 한다. 금융회사가 그런 역할을 하기 위해서는 내외부적 제도 개선과 더불어 충분한 실력을 쌓아야 한다. 땅 짚고 헤엄치기식 영업 관행을 타파하고, 금융문턱을 낮출 수 있는 길이다. '전지적 소비자 시점'으로의 획기적 전환이 필요한 시점이다.

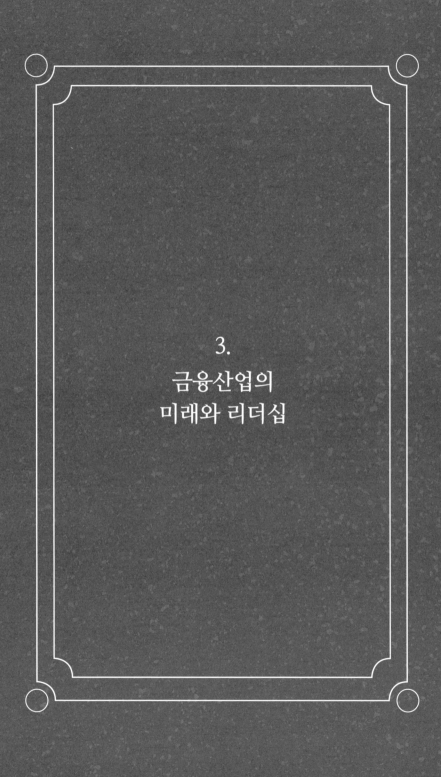

3.
금융산업의
미래와 리더십

＊

_____

금융산업은
왜 발전해야 하는가?

재화나 서비스의 최종수요가 10억 원 발생할 때, 직간접적으로 유발되는 피고용자 수를 고용유발계수라고 한다. 한국은행에서 발표하는 산업연관표에 따르면, 2017년 기준 금융 및 보험서비스업의 고용유발계수는 7명이다. 우리나라 전체 산업 평균 7.6명보다는 다소 낮은 수치이나 보건사회복지, 교육, 도소매 등 고용유발계수가 10명 이상인 예외적 산업 분야를 제외하면 매우 높은 수준이다.[35]

특히, 보험산업은 14.8[36]명으로 다른 어느 산업에 비해서도 높은 고용유발 효과를 나타내고 있을 뿐 아니라, 다른 일자리 창출에

_____

35. 한국은행 산업연관표 2017년 연장표
36. 보험연구원 '보험산업의 일자리 창출 효과' 2020.7.30

영향을 미치는 간접 효과 역시 매우 높다. 고용유발계수가 4.9명 수준인 일반 공산품 제조업과 비교할 때, 금융서비스산업의 고용 유발효과는 40% 이상 높다. 특히 우리나라 수출의 20% 가까운 비중을 차지하고 있는 반도체 산업의 고용유발계수가 2명에 불과하다는 사실은, 금융산업이 기여하는 부가 가치 창출 및 고용 효과가 얼마나 큰지 가늠케 한다.

실제로 2017년 통계 기준 금융산업 종사자는 약 70만 명에 이른다. 최근에는 그 숫자가 80만 명을 넘어서고, 유관 업무 종사자까지 포함하면 무려 100만 명을 넘어서는 것으로 추정된다. 금융산업의 실질 부가 가치 규모도 100조에 육박한다. 우리나라 전체 GDP 대비 금융산업의 부가 가치 비중은 5%가 넘는다. 이미 대규모 생산시설의 대부분이 공장자동화(Factory Automation, FA)로 제조 공정 프로세스의 자동화가 이루어진 상황에서 생산 증가가 고용으로 이어질 가능성은 더욱 줄어들게 되었다. 금융산업도 4차 산업혁명으로 서비스의 상당 부분이 AI(인공지능)로 대체될 수 있다고 예측되기는 하나, 앞으로도 상당 기간 산업의 발전과 성장이 충분히 고용효과로 이어질 수 있는 매우 중요한 산업임에 틀림없다. 그만큼 금융산업의 사회적·경제적 중요성은 대단히 크다. 우리나라 금융산업이 지속적으로 성장 발전해야 할 이유가 여기에 있다.

그러나 최근의 추세는 불안하다. 2019년 한국 금융업의 실질 부가 가치는 전년 대비 5.5% 감소했다. 15년 만의 일이다. 국내총생산(GDP)에서 차지하는 금융산업의 부가 가치 비중도 2012년 6.4%에서 줄곧 하락세를 면치 못하고 있다. 또한 최근 5년 평균 고용 탄력성도 -0.27로 나빠졌다. 금융산업의 부가 가치가 1% 증가할 때, 오히려 취업자 수는 0.27%가 감소한다는 의미다. 우리나라 금융산업의 미래 성장에 대한 우려를 자아낼 만하다. 온라인 금융거래 비중이 이미 90% 수준을 넘어서 있고 인터넷 전문은행의 등장으로 금융산업의 고용 효과가 과거와 같지 않을 것이라는 사실도 걱정스러운 부분이다. 이대로 가다가는 앞으로 금융인력 수요는 계속 감소하고 부가 가치 생산액 또한 줄어들 가능성이 크다. 100만 명의 금융인력의 미래를 누가 책임질 것인가?

반면, 아시아계 금융회사들의 약진은 괄목할 만하다. 싱가포르 개발은행(Development Bank of Singapore, DBS)는 10여 년 전만 하더라도 규모와 수익성이 한국의 금융그룹과 비슷한 수준이었다. 지금은 감히 비교되지 않는다. 시가총액은 한국의 가장 큰 금융지주회사의 세 배를 훌쩍 넘어선다. 현재 DBS의 CEO는 인도 출신의 피유시 굽타(Piyush Gupta)로 2009년 이후 은행의 성장을 성공적으로 이끌어왔다. 물론 동남아 시장에서 영어권 국가인 싱가포르가 가지고 있는 지리적 접근성, 문화적 동질성 등 한국이 가지지 못한 장점이 많은 것은 사실이나, 해외 시장 확대를 위해 싱가포르은행들이 펼쳐온 노력은 우리나라은행들과는 사뭇 다르다. '아시아 최고의 은행'이라는 비전 아래 적극적인 투자 및 현지은행 인수를 실행해나 갔다. 해외 채널 확대에만 그친 것이 아니라, 지역적 특성을 고려 한 지역 특화 전략과 동시에 DBS 모든 네트워크의 구성원들은 모두 한 가족이라는 기업 문화 융합을 시도했다. 또한 금융의 디지털 화를 이끄는 선두주자임을 자처했다. 매년 외부 스타트업 기업들과 내부 직원들이 참여하는 5일간의 해커톤(hackathon)을 개최해서 전 직원들의 디지털 사고(digital mindset)를 새롭게 만들어나갔다. 그 결 과, DBS는 자타가 공인하는 '아시아에서 가장 안전한 은행'이 되었 을 뿐만 아니라, 새로운 가치 창출의 선두주자로 아시아 시장 전체 의 가치 파이를 키워나가고 있다.

지난 수년간 은행을 주력으로 하는 한국 금융지주회사들의 주 가 수준을 보면 장부상 순자산 가치 대비 주가비율(PBR)은 1을 넘지 않는다. 2020년 초 COVID-19 비상사태로 주식 시장이 크게 흔들 리면서 금융지주회사 주식 PBR이 0.2~0.3 수준으로 속절없이 추 락한 것은 예외로 하더라도, 최근 1년간은 PBR 수준은 0.5 언저리 에서 맥을 못 추고 있다. PBR로만 본다면 은행 중심의 한국 금융지 주회사들은 차라리 청산하는 것이 낫다. 회계 투명성은 신뢰할 수 있으니 청산하면 장부 가치는 나올 수 있다. 회수 자본을 다른 성장 가능한 산업에 재투자하는 편이 훨씬 이성적이다. 시가총액의 두 배는 재투자할 수 있다. 물론 이런 얘기는 작금의 상황이 안타까운 마음에서 하는 억지일런지도 모르겠으나, 이것이 투자자들이 바라보는 한국은행 산업 미래에 대한 평가라는 점은 분명하다. 앞으로 한국의 금융산업이 뼈를 깎는 혁신 없이 지금 상태로 계속 간다면 청산할 수밖에 없다는 엄중한 경고가 아닐 수 없다.

현재 우리나라 경제는 예측 불가능한 환경 변화가 심화되어 불확실성이 확대되고, 인구 구조의 변화로 인한 성장 잠재력 저하가 우려되는 가운데, 새로운 성장 동력을 찾아야 하는 패러다임의 전환이 절실한 시점이다. 과거 제조업 중심의 양적 성장 전략을 뛰어넘는 창조적 경제 성장의 기반을 마련하고 이미 성숙 단계에 들어선 우리 경제의 성장 한계를 극복해야 한다. 창의적인 아이디어가 자유롭게 사업화되고, 산업간 연계 고리가 확대되어 융합 시너지를 만들어낼 수 있는 생태계가 조성되어야 한다.

미래 지속 성장 모멘텀을 만들어내기 위한 신 성장 동력의 발굴은 창업에서부터 성장 단계별 지원 인프라로서 생태계가 형성되어야 가능하다. 이러한 미래 성장 생태계 형성을 위해서는 금융의 역할이 절대적이다. 금융산업의 발전 없이는 우리나라 경제의 지속적 발전은 불가능하다. 금융은 실물 경제 성장 순환 엔진을 돌리기 위한 연료 역할을 통해 스스로의 가치를 확대해야 한다.

어디에 쓰이는지도 모르고 관리도 제대로 되지 않는 정체 불명의 펀드 조성이나 양적인 실적 과시가 목적인 이름뿐인 기술금융은 금융산업의 발전을 보장하지 못한다. 창조 경제 시대에 걸맞은 규제 개혁도 중요하지만, 결국 금융산업 구성원들은 그들의 미래를 지켜나갈 경쟁력을 키우고 가치를 키워나가야 한다.

디지털 트랜스포메이션이 가속화되는 변화의 흐름이 은행의 점포가 줄어들고 금융산업의 인력 수요를 감소시키는 제약이 아니라, 금융업을 정의하는 고정화된 타성을 깨고 산업의 경계를 무한히 확장하는 새로운 자극이 되어야 한다. 은행 점포와 직원 수 감소를 초래하는 핀테크(Fin Tech)나 금융 ICT 분야의 성장은 차세대 금융산업 발전의 신동력이다. 융합적 산업 확장과 변화를 리드해나갈 과감한 혁신과 창의는 우리나라 경제 발전을 견인하는 중심축으로서 금융산업의 미래를 밝히고 지속적인 가치 창조에 기여할 것이라 확신한다.

스리랑카의 세렌디피티,
혁신적 마인드로 변화하라

세렌디피티(serendipity)는 18세기 중반 영국 작가 호러스 월폴 (Horace Walpole)이 1754년에 쓴 《세렌딥의 세 왕자(The Three Princes of Serendip)》라는 우화에서 유래된 단어로, 뜻밖의 흥미로운 발견을 의미한다. 세렌딥의 세 왕자가 왕국을 떠나 세상을 여행하면서 새로운 경험을 통해 지혜와 용기를 얻게 된다. 예상하지 못한 우연한 기회에 마주한 뜻밖의 발견이다. 세렌딥은 실론 티의 섬나라, 스리랑카의 옛 이름이다.

몇 년 전 세렌딥 섬, 스리랑카의 금융산업을 돌아볼 기회가 있었다. 스리랑카는 인구 2,100만 명, GDP 800억 불 수준으로 경제 규모가 상대적으로 작고 금융산업 발전 상황에 대한 정보도 많지 않아 기대가 크지 않았던 것이 사실이다.

현장이 궁금했던 필자는 오후 반나절을 할애해 콜롬보시 근교에 있는 한 금융회사의 지점을 방문하는 일정을 마련했다. 이 회사는 지주회사 산하의 여러 자회사를 통해 리스, 마이크로 파이낸스, 보험 등 다양한 분야의 금융업을 영위하고 있는 금융그룹이다. 그룹관계사들은 각자 다른 별도의 영업점을 운영하는 것이 아니라 동일한 하나의 영업장소를 공유하고 있다. 흥미로운 사실은 관계사별 영업점장을 따로 두지 않고, 한 명의 점장이 공동 영업장 전체를 총괄해 관계사 구분 없이 통합 경영하고 있다는 점이다.

BIB(Branch in Branch), 또는 BWB(Branch with Branch)와 같이, 연계영업을 위한 통합 점포전략은 국내 금융그룹들이 유행처럼 추진해온 익숙한 개념이나, 금융산업 발전 수준을 크게 기대하지 않았던 스리랑카에서 이런 채널 전략이 활발히 적용되고 있으리라고는 전혀 예상하지 못했기에 놀라움은 더 컸다.

더구나 우리나라에서는 BIB, BWB 형태의 물리적인 관계사 영업 단위 통합에도 불구하고 관계사별 이해 상충을 효율적으로 조정할 수 있는 컨트롤타워가 지점 단위로 통합되지 못하고 있다. 라이선스 단위별 규제방식의 법률적 제약이 존재할 뿐 아니라, 기능적 조직 단위가 아닌 법률적 조직 단위 위주의 경영 방식 때문이다. 이 때문에 통합 영업점 모델이 기대만큼 시너지를 내지 못하는 경우가 많다. 스리랑카 금융산업의 유연한 법체계와 경영 방식은 효율성이나 혁신성 포용 수준에서 우리를 앞서고 있다는 역설을 피할 수 없다. 애당초 기대하지 않았던 스리랑카에서의 '세렌디피티'가 아닐 수 없다.

귀국 후 우리나라의 금융시장 성숙도를 우간다보다 낮게 평가한 2016년 WEF(The World Economic Forum)의 국가 경쟁력 보고서를 다시 찾아보았다. 금융시장 성숙도 순위 한국 80위, 스리랑카 64위! 의외의 결과다. 물론 당시 WEF 조사 방법이 객관적 통계 지표보다는 기업인 설문 비중이 높아 신뢰도가 떨어진다는 비판도 많았던 것이 사실이다. 실제로, 2018년부터 WEF가 금융부문 경쟁력 평가에서 GDP 대비 민간 부분 여신, GDP 대비 보험료, 부실채권 비중, Credit Gap 등 통계 항목 비중을 대폭 늘리면서 한국의 금융시장 성숙도 순위가 19위로 껑충 뛰어올랐다.

하지만 스리랑카에서의 현장 경험은 지난 WEF의 평가를 무시할 수 없다는 자각을 하게 한다. 스리랑카에서도 시행하고 있는 혁신적 시도를 우리는 아직도 못하고 있다. 실제로 금융지주회사가 출범할 당시 금융감독 체계도 그룹 전체를 매트릭스 개념의 고객, 상품별 감독체계로 전환했던 적이 있었으나, 얼마 지나지 않아 관계사별 자회사 중심의 과거 감독 관행으로 회귀했다. 그룹의 관계사들을 'One Company' 개념으로 통합 운영함으로써 시너지 창출 효과를 극대화한다는 지주회사 설립 목적에 부합하는 감독 시스템이 시도만 해보다가 중단된 셈이다. 매트릭스 체계 도입을 시도한 금융회사들은 제도적 환경을 이유로 무늬만 'One Company'를 외치며 실질적 변화를 포기했다.

물론 어떤 상황에서도 항상 우월한 제도는 없다. 1929년 미국 경제 대공황의 원인 중 하나인 은행들의 방만한 경영과 통제 시스템의 부재에 대한 근본적 개혁의 목적으로 금융업종 간 상호진출을 금지하는 소위 '글래스 스티걸법(Glass-Steagall Act)'이라고 불리는 '1933년 은행법(Banking Act of 1933)'이 제정되었다. 상업은행과 투자은행 간 넘을 수 없는 방화벽이 세워졌다.

은행 업무와 증권 업무의 겸영을 허용하는 유럽식 유니버설뱅킹(universal banking)과 달리, 글래스 스티걸법은 업종 간 협업을 방해하고 금융산업의 경쟁력을 약화한다는 주장이 힘을 얻기 시작하면서, 1999년 상업은행의 증권 관련 자회사 보유 및 상업은행과 투자은행의 임직원 겸직을 허용하는 '그램 리치 블라일리법(Gramm-Leach-Bliley Act)'이 제정되었다. 금융회사의 실질적인 겸업 경영이 다시 가능해졌다.

그러나 2008년 서브프라임 모기지 사태로 촉발된 금융위기 이후, 금융시스템 안정화와 위기 재발 방지를 위해 대형 금융회사들에 대한 감독과 소비자 보호 강화를 목적으로 '볼커룰(Volcker rule)'을 포함한 '도드 프랭크법(Dodd-Frank Act)'이 제정되었다. 상업은행과 투자은행 업무영역은 다시 분리되고, 금융지주회사에 대한 감독이 대폭 강화되었다. 글래스 스티걸법의 부활로 평가받는다.

환경 변화에 따른 규제, 제도의 변화는 불가피하다. 오히려 제도의 변화를 산업의 주체가 이끌어야 한다. 제도와 환경의 제약은 좋은 핑곗거리가 될 뿐, 정작 환경을 변화시키려는 노력은 하지 않는다. 변화를 추구하는 혁신적 마인드는 주어진 조건을 뛰어넘어야 한다. 스리랑카의 세렌디피티는 참신한 자극이다. 세렌디피티를 찾아내는 세렌디퍼(serendipper)가 되어야 한다. 뜻밖의 행운과 성공의 세렌디피티를 만날 수 있는 세렌디퍼의 변화를 위한 꾸준한 노력은 필수다.

해외 진출이
국제화를 만들지는 못한다

현재 우리나라의 금융산업의 경쟁력이나 금융회사들을 바라보는 사회의 인식은 심히 걱정스럽다. 특히 국제 금융시장에서 국내 금융회사들의 경쟁력은 아직 갈 길이 멀다. 해외 네트워크의 확충이나 국제 시장 진출이 확실히 속도를 내고 있어 외형적으로는 어느 정도 성과를 내는 것은 사실이나, 질적인 면의 발전에서는 의심할 여지가 많다.

필자가 외국계은행에 근무하던 1980년대 후반, 한국에 진출한 50개가 넘는 해외 금융회사들이 본사 직원을 한국 대표자로 보내는 것은 너무나 당연했고, 지점장이나 대표들 중 한국인을 찾기란 거의 불가능한 일이었다. 그러나 현재 상황은 완전히 반대다. 외국 금융회사라 하더라도 한국 대표자들 중 외국인을 찾는 것이 오히려 드문 일이 되었다. 주요 고객들도 한국 기업들인 것은 당연하다. 완벽한 현지화가 이루어진 것이다.

그러나 한국 금융회사, 특히 은행들의 경우 30년이 지난 지금에도 해외 지점장들이나 현지법인장들 중 한국 본사에서 파견되지 않은 경우는 쉽게 찾아보기 어렵다. 몇몇 해외 현지법인의 경우를 제외하고는 해외 채널의 주요 사업 대상도 거의 한국 기업이거나 한국 관련 고객들이다. 고객 중 현지 로컬 기업이 차지하는 비중은 아직도 미미하다. 글로벌 경쟁력을 갖추고 세계 시장을 개척해나가고 있는 한국 기업들의 뒤를 그저 쫓아만 다니고 있는 형상이다.

대부분 해외 채널의 자금 조달도 본점 몫이다. 현지에서 예수금 형태의 외화 자금 조달 능력이 부족하다 보니 은행 전체 외화 자금은 차입이나 채권발행을 통해 이루어진다. 더구나 원화의 위상이 국제 기축 통화와는 거리가 멀다 보니, 한국은행들은 이러나저러나 외환위기에 노출된 셈이다. 국내 경제 상황에 문제가 생기든, 해외 금융시장에서 위기 상황이 발생하든, 우리는 그 피해를 벗어날 방법이 별로 없다. 한마디로, 해외 진출 전략의 판을 완전히 새롭게 바꾸지 않는다면 앞으로도 국제적 경쟁력은 남의 이야기일 뿐이다.

현지화 전략이 제대로 실현되기 위해서는 역설적으로 국내 본점부터 국제화가 이루어져야 한다. 현지 인력으로 구성된 해외 경영진과의 소통 능력이나 현지 문화에 대한 충분한 이해는 현지화를 위한 가장 기본적인 출발점이다. 소통의 기본적 수단인 언어 문제나 현지 문화를 이해하려는 노력 없이, 우리 기업 문화를 강요하는 자세로는 현지화를 이루어낼 수 없다. 가장 편한 소통과 문화 유지의 방법은 한국 직원들을 파견하는 것이다. 언어의 문제도 없고 문화 차이를 이해하려는 노력을 구태여 하지 않아도 된다. 그러나 현지화는 물 건너간 일이다.

글로벌 대화 채널이 촘촘히 연결되어 마치 하나의 오피스처럼 소통되고 있는 세계 유수 금융회사들의 가장 중요한 소통 수단은 이메일이다. 필자가 수석 고문으로 일하고 있는 세계은행 그룹의 국제금융공사(International Finance Corporation, IFC)의 중요한 연락 수단도 이메일이다. 본사의 주요 공지 사항이나 정보는 수시로 전 세계 직원들과 이메일을 통해 공유된다. 세계 100개 국가에 퍼져 있는 IFC 사무소에서는 한국과 관련된 거래나 고객 정보를 서울사무소 직원들에게 수시로 보내며 소통한다. 매일 수십 통의 메일을 확인하는 것도 꽤 큰일이다. 글로벌 소통이 얼마나 활발히 이루어지고 있는지 짐작할 수 있다.

그러나 한국 금융회사 소통 환경은 이와는 너무도 다르다. 인터넷 환경이 해킹이나 정보 유출의 위험성에 노출될 수 있다 보니, 보안의 가장 손쉬운 방법으로 이메일 접속을 아예 차단해버리는 경우도 있다. 그러다 보면 인트라넷에 연결된 사내 컴퓨터 외에는 회사

밖에서 이메일을 볼 수 있는 방법이 없다. 구더기 무서워 장 못 담그는 격이다. 심지어 외부 고객과 소통을 위해 회사 메일주소가 아닌 개인 메일주소를 알려주는 경우도 많다.

이런 상황에서는 국제화를 이야기할 수 없다. 해외에 나가 있는 한국 파견 직원들과 '카톡' 문자를 주고받는 수준으로는 현지인 직원들과 소통은 난망이다. 한국어를 모르는 현지 직원들에게 카톡으로 이야기하자고 할 수도 없는 노릇이다. 끊임없는 소통으로 본부 지원을 이끌어내며 로컬 시장을 공략해야 하는 현지 직원들 입장에서는 소통의 수단도 대상도 없는 셈이다.

해외은행들이 글로벌마켓에서 어떻게 활약하고 있는가를 보면 한국 금융회사들의 경쟁력이 얼마나 낮은지 알 수 있다. 미국, 유럽계은행들의 수익 중 국경 간(cross border) 서비스 제공으로부터 발생하는 비중이 반을 넘는다. BofA(Bank of America)의 경우를 보면 해외 금융시장에서 벌어들이는 수익이 전체 수익의 50%를 차지하고, 그 해외 수익 중 반 이상이 동남아시아 시장에서 창출된다고 한다. 결국 금융시장은 세계 전체가 하나의 시장으로 국가별 시장을 구분할 수 있는 시대는 이미 지났다. 우리나라 금융그룹의 해외 수익 비중은 고작 10%를 넘는 수준이다. 매년 발표되는 금융지주 비전을 보면 해외 수익 비중의 대폭적 확대가 단골 메뉴로 등장하지만, 허울 좋은 구호일 뿐이다. 이메일 하나 제대로 활용되지 못하는 인프라로 어찌 글로벌화를 외칠 수 있겠는가?

우리나라 금융회사들의 성장 돌파구를 해외에서 찾아야 하는 것은 물론이나, 그 전략은 지금과는 180도 달라져야 한다. 단순히 투자만 늘린다고 될 일이 아니다. 이메일조차 자유롭게 쓸 수 없는 인프라를 바꿔야 한다. 해외 노출이 많아지는 만큼 내부 조직도 대응해서 바꿔야 한다. 과거 국내 영업 위주의 인력 구성이나 내부 시스템도 대폭 수정되어야 한다. 심사제도도 마찬가지다. 영어로 작성된 여신 심사 서류를 우리말로 번역하느라 수고할 이유가 없다.

우리 의식과 관념이 갇혀 있는 틀을 벗어나야 길을 찾을 수 있다. 과거 관행과 사고에 얽매여 자신을 스스로 제약하는 것이 편안함으로 다가오는 순간, 경쟁에서 뒤처지고 퇴보의 길을 걷게 되는 것이다. 우리의 경쟁자는 국내에 있지 않기 때문이다. 우리가 글로벌화를 원하는가 원치 않는가는 중요하지 않다. 이미 우리는 글로벌 경쟁 한가운데 서 있다.

*

———————————

포용금융으로
금융의 접근성을 넓혀라

최근 사회적 약자에 대한 배려와 사회 참여 기회 확대에 관한 관심이 높아지고 있는 가운데, 금융서비스에 대한 기회 확대를 위한 노력도 커지고 있다. 다양한 서민 금융정책을 통해 취약계층에 대한 금융서비스 지원을 넓혀가는 등 상대적 금융약자에 대한 지원 확충은 사회적 가치 증대 차원에서도 매우 중요한 주제로 대두되고 있다.

저소득계층을 위한 미소금융이나 저신용자를 위한 햇살론 등, 경제 주체들이 사회적·경제적 지위와 관계없이 다양한 금융서비스에 접근할 수 있도록 여러 제도가 시행되고 있다. '포용금융'을 향한 발걸음이다.

담보대출만을 고집하는 '전지적 금융인 시점'의 금융으로는 금융의 포용은 일어나지 않는다. 그렇다고 해서 퍼주기식 시혜성 포용은 그 지속 가능성이 없다. 대출금리만 낮춘다고 해서 포용금융이 될 수는 없다. 포용금융도 그 자체로 살아갈 수 있는 지속성이 있어야만 한다. 그렇지 않고서는 아무리 좋은 제도나 정책도 밑 빠진 독에 물 붓기요, 한강에 돌 던지기이며, 일회성 보여주기가 될 수밖에 없다.

신용을 평가하기 위한 충분한 실적이 없고 기간이 짧아 평가 자체가 어려운 청년들이나, 새로운 아이디어로 신사업을 추진하고자 하지만 제공할 담보가 없는 창업자들의 경우, 기존의 신용시스템으로는 자금 확보의 가능성은 매우 낮다.

물론 한국에서도 창업 투자사나 벤처캐피털의 활동이 더욱 활발해지면서 스타트업들의 자금 조달 기회가 많아지고는 있지만, 그 혜택은 창업 후 어떻게든 1~2년을 견뎌낸 창업자들로 제한되는 경우가 많고, 엔젤 투자자의 역할은 상대적으로 적다 보니 창업 자체가 힘들다. 훌륭한 아이디어가 사장되거나 자금력이 있거나 담보 여력이 있는 자들에게 빼앗기는 경우도 흔치 않다.

벤처캐피털로부터 지원받는 자금은 대부분 자기자본의 형태다. 즉, 주식이나 주식 연계형 증권이 자금 조달의 수단이 되다 보니 결국 창업자는 지분 희석의 부담을 감수해야만 한다. 세상에 공짜 자금은 없다. 더구나 자기자본은 가장 비싼 자금이다. 이자를 내지 않는다고 공짜가 아니다. 투자자들이 요구하는 자기자본 수익률은 타인자본인 차입금 이자보다 훨씬 높다. 회사는 투자자들의 수익률 요구에 부응하기 위해 노력해야 하는 것은 당연하며, 만일 기대에 못 미치는 경우에는 더 이상의 자기자본 조달은 어려워진다.

창업 초기 자기자본 형태의 자금 조달은 필수이며, 관련 위험의 본질을 생각할 때 여신 형태의 타인자본의 개입 여지가 현실적으로 어려운 것은 당연한 사실이다. 하지만 창업자 지분 희석의 단점을 피하고 총자본 비용의 저감을 위해서는 어느 정도의 레버리지가 필요하다. 그러나 레버리지를 활용할 수단이나 창구가 많지 않다는 것이 문제다.

닫힌 창구를 여는 힘은 은행과 같은 신용제공자의 실력에 있다. 미래 사업성과 현금흐름을 분석하고 평가하는 능력이 가치 창출 기회의 폭을 넓히고 경제적 사회적 가치를 높이는 기반이 된다. 포용 금융의 길을 여는 것이다.

그러나 아쉽게도 기존의 전형적인 재무 분석이나 신용평가모델은 적합성이 떨어질 수 있다. 아무리 정확하고 객관적인 분석을 추구한다고 하더라도 어떠한 방법도 완벽할 수 없고 판단자의 주관적 판단이 영향을 미칠 수밖에 없다. 분석할 데이터가 없을 수도 있다.

특히나 업력이 짧거나 아래 없는 창업자의 경우에는 판단 자체가 어려운 이야기가 된다.

다행히도 4차 산업혁명의 시대를 살아가고 있는 지금, 전통적인 방법으로는 알아내기 힘든 신용판단의 요소를 찾아냄으로써 의사결정의 프로세스를 더욱 객관화하고 가격 적정성 또한 개선할 수 있는 획기적 방법들이 등장하고 있다.

최근 미국 캘리포니아 산타모니카 해변 지역에서는 LA 주변 대학 출신 청년들의 창업 열기가 고조되면서, 실리콘밸리에 도전하는 실리콘 비치(Silicon Beach)라는 말이 생겨났다. 2년 전, 이곳 산타모니카에 소재하고 있는 스타트업 핀테크(FinTech) 회사인 탈라(Tala)를 방문한 적이 있다. 탈라의 창업자이자 CEO인 시바니 시로야(Shivani Siroya)는 월스트리트의 제도권 금융회사 근무 경험을 바탕으로 금융 취약계층에 대한 금융의 새로운 경험 제공을 통해 포용금융의 꿈을 실현시키는 것이 회사 설립 목적이라고 말한다.

탈라의 홈페이지에도 실려 있는 회사 모토가 인상적이다.

At Tala, we see the world differently. We're driven by a fundamental belief in people, and we work hard to prove their potential. We take risks that others won't, in order to put more power in our customers'hands.

(탈라는 다른 눈으로 세상을 본다. 우리는 사람에 대한 기본적인 믿음에 의해 주도된다. 그들의 잠재력을 증명해내기 위해 진력한다. 우리는 다른 사람들이 꺼리는 위험을 감수한다. 소비자들의 손에 더 많은 힘을 쥐여주기 위해서.)

탈라는 케냐를 시작으로 인도, 멕시코, 필리핀 등 금융접근성이 낮은 국가의 금융취약계층을 대상으로 사업을 추진하고 있다. 여신 금액은 미화 기준 10~500달러까지 소액으로, 신청 즉시 대출 여부를 결정하고 자금 집행을 한다. 모든 절차가 모바일폰만으로 이루어진다.

특히 아프리카는 자금 결제 시스템이나 은행 계좌 보유 시스템이 충분히 갖추어져 있지 않다. 아프리카 인구 10만 명당 ATM 수는 4.8개에 불과하다. 한국이 10만 명당 290개인 데 비하면 금융인프라가 얼마나 열악한지 알 수 있다. 그러나 오히려 이런 취약한 금융환경이 핀테크의 활용을 훨씬 용이하게 했다는 것은 꽤나 역설적이다.

영국계 통신회사인 보다폰(Vodafone)은 아프리카의 금융 인프라 문제를 극복하기 위해, 공적개발원조(DDA)를 담당하고 있는 영국 국제개발부(DFID, Department for International Development)와 협력해 엠페사(M-Pesa)라는 모바일머니 서비스를 출시했다. 모바일머니는 아프리카 전역에 급속도로 확산되었고, 현재 아프리카에는 1억 개가 넘는 모바일머니 계정이 활용되고 있다고 한다.

아프리카에서 일어난 혁신은 미국 산타모니카 소재 핀테크 회사가 1만 마일이나 떨어진 케냐에서 금융사업을 수행할 수 있게 만들었다. 아프리카에 있는 고객의 여신 신청이 미국 탈라 본사에 모바일기기를 통해 이루어지고 수분 내에 모바일머니로 여신 금액이 송금된다.

더 중요한 것은 여신 승인 알고리즘이다. 탈라 여신 신청자의 대부분은 달리 제공할 신용이력이 없다. 대신 탈라는 여신 신청 애플리케이션을 설치한 모바일기기에 저장된 모든 활동 정보를 고객 동의하에 수집하고 자체 신용분석 알고리즘을 통해 분석한 후 실시간으로 여신 승인 여부를 결정한다. 시로야 대표는 그 알고리즘은 매일 진화하고 있다고 하면서, 지금까지 발견한 것 중 가장 흥미로운 신용판단 변수라며 뜻밖의 이야기를 전했다.

케냐의 차주들 중 여신 상환 실적이 가장 좋은 부류는, 모바일기기에 저장된 연락처 중 성(family name)을 기재하지 않고 이름(first name)만 기재한 연락처의 비중이 높은 사람들이라는 것이다. 아마도 굳이 성을 적어놓지 않아도 이름만으로도 알 수 있는 사람들은 그렇지 않은 사람들보다 관계의 정도가 훨씬 깊을 수 있으며, 그런 관계나 네트워크가 많은 사람은 그렇지 않은 사람들에 비해 신용도가 높다고 해석할 수 있다.

이런 알고리즘의 개발은 미래 사업성을 믿고 지원해준 투자자들이 있기 때문이다. 그런 지원자들이 있기에 초기 비용을 감수하고 사업모델을 완성시켜나갈 수 있다. 사업 초기 탈라는 1만 명으로부터 여신 신청을 받아 무작위로 20달러씩을 제공했다고 한다. 그리고 그들의 여신 상환 실적을 통계화하고 사전적으로 상환 능력을 예측할 수 있는 비재무적 요소를 찾아내어 신용평가의 새로운 알고리즘을 만들어내기 시작한 것이다.

엉뚱하기까지 한 이런 도전이 그 잠재력을 알아보고 지원해주는 시스템이 없었다면 가능할 수 있을까? 기업 가치가 7억 5,000만 불로 평가되는 탈라는 지난해까지 총 2억 1,500만 불의 자본을 조달하고 1억 불을 차입했다. 기업 가치 10억 불 이상인 또 하나의 유니콘 기업 탄생이 눈앞에 있다.

IT(정보기술)의 발전은 과거 생각하지 못했던 금융의 혁신을 만들어내고 있다. 기존 금융시스템이 아무리 포용금융을 부르짖는다고 하더라도 전시성이나 선심성에 그친다면 아무런 의미가 없다. 기존 금융관행과 사고방식의 환골탈태 없이는 혁신적 변화는 불가능하다.

재무적 정보나 유형 담보에 의존하지 않는 금융의 혁신적 변화는 지금까지 제도권 금융에 접근하지 못했던 많은 금융소외자들의 금융접근성을 획기적으로 높일 수 있다. 이런 변화는 IT 혁신이 뒷받침할 것이며, 이런 혁신이 가능할 수 있는 다양한 방법의 지원이 필요하다. 이제 포용을 넘어 기회 균등의 문을 활짝 열게 할 IT와 금융의 융합을 기대해본다.

4.
나눌수록 커지는 힘,
다극화된 집중을 추구하라

나눌수록 커지는 힘,
다극화된 집중을 추구하라

조직의 많은 문제가 권한의 집중에서 발생한다. 조직이 커지고 체계는 점점 더 복잡해지는데 권한이 한곳에 모여 있다 보면, 명절에 고속도로 막히듯 의사결정 체증이 막심하다. 시급을 다투는 일이라도 최고 의사결정권자가 시간 나기만을 기다려 친필 사인을 받아야 실행할 수 있다 보니, 문제 해결의 타이밍을 놓치거나 의사결정의 속도가 늦어 경쟁력을 상실하는 경우가 비일비재하다.

CEO 결재 한번 받으려면 매장이나 서비스센터 대기 번호표 뽑듯이 순번을 기다리다 중요한 시간을 허비하기 마련이다. 심지어 비서실 직원이 CEO 면담이나 결재 내용을 일일이 사전 검열하고 보고할 기회조차 주지 않는 경우도 많다. 활용 가능한 CEO의 일과 시간이 유한하니, 조율은 어쩔 수 없다. 비서실의 서슬이 하늘을 찌른다. 최종 결재권자인 CEO 한번 보려면 비서실 직원 눈치를 잘

살펴야 한다. 비서실이 조직 내 가장 중요한 섭외 대상이 되는 웃지 못할 일이 생긴다.

CEO도 온종일 보고받고, 결재하다 보면 기진맥진해서 다른 생각을 할 시간도 없다. 하루하루가 전쟁이다. 미래를 계획하고 큰 그림을 그릴 만한 여유는 찾을 수 없다. 문자나 메일로 업무 처리를 한다 한들 마찬가지다. 그 많은 메시지를 일일이 확인하기도 어려울 뿐 아니라, 대면 보고와 비교해 시간도 그리 많이 절약되지 않는다. 내용이 단순하지 않은 중요한 의사결정 사항이라면 한 번쯤은 담당자에게 전화하거나 호출해서 결국 대면 설명을 요구할 것이 틀림없다.

더 큰 문제는 안건의 세세한 부분에 담당자들보다 CEO의 전문성이 떨어질 가능성이 크다는 것이다. CEO의 의사를 확인하고 큰 방향성을 검증하는 과정이 아니라, CEO 교육 시간이 되기 십상이다. 이해가 안 되는 부분을 묻고 또 묻다가 의사결정의 목적성을 잊은 채, 길을 잃고 만다.

특히나 디지털 전환 과정에서 이루어지는 많은 시도가, 집중된 권한의 굴레에 갇혀 의도와 다른 애꿎은 애물단지가 되어버리는 모습을 자주 목격하게 된다. 20대를 겨냥한 모바일 애플리케이션 홈페이지 디자인을 왜 CEO가 최종 결재해야 하는지 이해하기 어렵다. 최종 결재 권한이 CEO에 있다 보니 업무를 직접 추진했던 담당자들은 책임 회피의 좋은 구실을 마련한 셈이다. 겉으로는 '역시 보는 눈이 다르다'라는 둥 비위를 맞추지만, 속으로는 한참 떨어지는 CEO의 전문성이나 감각을 비웃는다. 그렇게 하면 안 되는 줄 알면서도 CEO가 결정한 일이니, 나중에 책임질 일은 없다는 마음의 안식을 얻는다.

이 모든 상황의 책임은 CEO에게 있다. 권한을 놓는다고 생각하면 불안하다. 몸도 힘들고 머리도 복잡하고, 정작 조직의 미래를 고민하고 거시적인 전략 방향을 세울 시간은 부족하지만, 세세한 부분까지 알고 통제할 수 있어야 안심할 수 있다. 그러다 보니 권한의 위임은 선뜻 이루어지기 힘들다. 혹여 통제력을 잃어버리면 최고경영자가 가고자 하는 방향으로 조직을 끌고 가기 어려울 수 있다는 걱정이 앞선다. 그러나 리더십이 권한에서 나온다고 생각한다면 심각한 착각이다.

리더십은 절대 가지고 있는 권한의 크기나 강도에 비례하지 않는다. 힘으로 끌고 가면 끌려갈 뿐, 구성원들은 스스로 앞서 나갈 동기를 찾지 못한다. CEO는 힘이 더 들고, 끌려가는 구성원들은 즐거울 리 없다. 속도가 나지 않는 것은 당연하다. 더구나 모든 권한을 다 가지고 있지만, CEO가 결정적으로 책임질 일에서는 빠져나가는 모습을 보이는 순간, 구성원들은 실망하고 따르고 싶은 마음은 사라진다. 어쩔 수 없이 따라야 하니 따를 뿐이다.

권한의 집중은 건전한 노사관계 형성에도 방해가 된다. 모든 노사 문제가 그룹 CEO로 몰린다. 그룹 계열사의 경영자들은 노사 협의의 최종 결정권자가 아니니, 노사 문제는 계열사 대표를 건너뛴다. 구성원들의 대화 상대방이 계열사 내에 있지 않고 모두 그룹 최고경영자에게로 향한다. 어차피 자사 CEO들이 최종 결정권이 없다는 것을 아는 이상, 누구와 대화해야 하는지 분명해진다. 소속 집단 내 문제가 그 안에서 효율적으로 해결되기 어렵고, 조직의 자율성과 독립성은 훼손될 수밖에 없다.

권위적이거나 독단적인 신념은 자발적 참여를 요구하는 디지털 변화의 시대에 도움이 되지 않는다. 권위적인 상사의 지배에 의존하는 수동적 직원을 만들 뿐이다. 의존적 구성원들에게서는 새로운 통섭적 사고를 기대할 수 없다. 창조에 대한 욕구나 도전에 대한 의지를 키울 수도 없다. 통제에 길든 수동적 조직에서 자율적 책임 의식을 기대하기는 어렵다. 과감한 권한위임이야말로 자율경영이 시작되는 출발점이다. 책임 의식은 저절로 따라온다. CEO 눈치만 보고 결정할 일도 없이 게으름 피울 핑계도 없다. 책임을 미룰 대상이 없어 스스로 결정하고 책임지는 분위기가 만들어진다.

COVID-19 팬데믹과 같은 경험해보지 못했던 위험을 극복하는 중요한 능력은 어질리티(agility)다. 예상하지 못했던 상황에 효율적으로 대응하기 위해서는 의사결정과 행동의 타이밍이 중요하다. 민첩성은 대응 방안을 신속하게 마련하고 실행의 적기를 포착하는 능력이다. 권한의 위임은 민첩성을 크게 높여 때를 놓치지 않고 필요한 조치를 적시에 실행에 옮길 수 있다. 어질리티가 확보된 조직은 '리질리언스(resilience)'가 뛰어나다. 리질리언스란 단순히 복원력을 의미하는 것이 아니라, 전혀 예상하지 못한 충격으로부터의 회복을 넘어 새로운 도약을 포함하는 개념이다.

미래는 위험에 대한 예측 가능성이 현저히 떨어지며, 문제의 복잡성은 기존의 정형화된 대응 방안으로는 극복하기 힘든 상황을 만든다. 리질리언스는 단순히 기존 체계로의 복귀를 의미하는 것이 아니라, 근본적 문제의 원인을 명확히 파악하고 해결해낼 수 있는 새로운 체계를 생산해내는 '가치 체계의 변화'를 의미하는 것이다.

리질리언스는 분산 다극화된 권한 체계만이 만들어낼 수 있다. 한 곳에 권한이 집중된 체제로는 리질리언스는 기대할 수 없다. '어찌하오리까'라며 위만 쳐다보고 충격의 늪에 허우적대다가 조직은 허물어진다. 소방관들이 어디에 물을 뿌려야 하는지, 물의 양은 얼마나 되어야 하는지, 일일이 묻고 결재를 받아야 한다면 이미 불은 집을 다 타고 재만 남을 뿐이다. 생생한 현장에서 문제의 본질을 파악하고 즉시 대응 방법을 결정하고 실행에 옮길 수 있어야 문제를 해결해낼 수 있다. 적절히 위임된 권한이 있어야 가능한 일이다. 과감한 권한 이양을 통해 자율성을 높이고, 책임 경영의 틀을 만들어야 하는 이유다.

조직도만 그려대는 조직은 희망이 없다. 권한을 '어디에 집중해야 하는가'가 중요한 것이 아니라, '어떻게 분산해야 하는가'가 중요하다. 권한의 분산은 결코 책임 회피의 수단이 될 수 없다. 권한 위임의 실행 자체가 책임을 지는 행위다. 권한은 분산화되어 조직 전제의 비전과 목표를 정렬(alignment)하고, 같은 방향으로 끌고 나가는 리더십은 책임을 동반한다. 내가 결재하지 않았으니 책임이 없다는 생각이 끼어들 틈은 없다. 권한은 있는 대로 다 행사하면서 책임은 어떻게든 지지 않으려는 조직의 전형이 되어서는 안 된다. CEO가 책임지는 조직 문화는 오히려 행위자들 각자의 책임 경영 의식의 풍토를 만든다.

필자는 이를 '다극화된 집중(Multi-polarized centralization)'이라 칭한다. 자율적 의사결정 권한을 현장에 나누어주되, 힘이 아닌 책임을 집중시키는 민첩한 경영 체계를 만들어야 한다. 더구나 디지털 혁신의 세상에서 대응력과 경쟁력을 향상할 수 있는 조직의 '속도'를 획기적으로 높일 수 있다.

끝까지 권한을 틀어쥔 권위적 보스가 될 것인가, 자율적 참여와 책임 경영을 이끌고 갈 리더가 될 것인가. 수많은 노예가 힘들게 끌고 가는 마차 위에 우뚝 서서 위엄 있는 명령을 내리는 공포의 페르시아 왕 크세르크세스가 될 것인지, 전사들과 함께 목숨을 걸고 앞장서 싸우는 스파르타의 왕 레오니다스가 될 것인지의 선택과 다름이 없다. 권한의 위임으로 지배력의 힘을 빼면 더 강한 리더십의 힘이 생긴다. 힘은 따르는 자들의 신뢰와 지지에서 나오는 것이지, 복종을 요구하는 권위에서 나오는 것이 아니기 때문이다.

힘을 나누면 나눈 힘은 배가 되어 다시 돌아온다. 아낌없이 나누어주는 힘은 그 힘을 받은 사람들의 자발적 참여와 책임감을 키우고, 조직의 어질리티와 리질리언스 향상을 바탕으로 강력한 리더십을 만들어낸다. 권위를 내려놓고 힘을 키워라. 강요되지 않은 팀워크를 만들어라. 권위 없는 자의 더 큰 권위, 힘을 나눈 자의 더 강한 힘의 놀라운 진리를 마주할 것이다.

글로벌 금융리더가 말하는 경영 철학과 리더십
황금률을 버려라

제1판 1쇄 | 2021년 1월 3일

지은이 | 김병호
펴낸이 | 손희식
펴낸곳 | 한국경제신문*i*
기획제작 | (주)두드림미디어
책임편집 | 최윤경   디자인 | 얼앤똘비악earl_tolbiac@naver.com

주소 | 서울특별시 중구 청파로 463
기획출판팀 | 02-333-3577
E-mail | dodreamedia@naver.com
등록 | 제 2-315(1967. 5. 15)

ISBN 978-89-475-4678-2 (03320)